第五福竜丸

心の航跡

第五福竜丸——心の航跡

目次

※本文中の年齢、肩書、住所などは取材当時のままで敬称は略させていただきました。

元漁労長「一生の重荷…」

港を囲む焼津市街。時折、潮の香を含んだ風が吹き抜けていく。新鮮な魚のにおいにも似た生きた風だ。漁師の心意気をはらむこのまちに、かつて遠洋漁業に人生をかけた船乗りたちが暮らしている。

焼津港所属の遠洋マグロ漁船「第五福竜丸」の元漁労長見崎吉男（77）もその一人だ。漁師を「漁士《りょうし》」と書いた隆盛期の誇りを今も忘れない。あの事件さえなければ、きっと遠洋航海一筋に生きてきたのだろう。

大正十四年生まれ。戦前、戦中、戦後の節目を持つ世代だが、一九五四年（昭和二十九年）三月一日は、さらに大きな節目になった。

いわゆるビキニ事件。マーシャル諸島ビキニ環礁で行われたアメリカの水爆実験に巻き込まれ、人生が急転した。当時二十八歳。事件を境に船との縁も切れた。

見崎は今も海が好きだ。よく浜沿いの散歩に出る。焼津漁港の南に続く石津浜。二〇〇二年の春、昔ながらの砂利浜に臨む防波堤の上を、並んで歩いた。

見崎は語らずにきたことが山のようにあると言い、事件は「一生の重荷」とうなだれた。

その言葉に、喜寿を迎えてなお残る深い傷を垣間見た気がして、たじろいだ。これから半生を聞こうとする自分が、罪悪を犯すようにも思えたからである。

後日、思い悩むまま足が向いた浜辺で、見崎の話を思い出す。

「風の日も雨の日もあらしの日もある。大切なのは夢を持って精いっぱい生き、波のように何度でも立ち上がったかだ」

言葉がふと体温を持った気がした。見崎は人生を語ろうとしていた。

半世紀前、アメリカと旧ソ連は原爆をしのぐ水爆の開発を争っていた。特に五四年、史上最大の爆発に始まったアメリカの一連の水爆実験は、広大な海を膨大な放射能で汚染した。降灰で漁場が冒され、多くの日本漁船と船員らが被災。日本本土に放射能雨が降った。魚類の汚染騒動は牛海綿状脳症（ＢＳＥ）による牛肉騒動の比ではなかった。「第五福竜丸」は被災の象徴になった。乗組員と家族は放射線障害の恐怖を負い、外交優先の事件処理や原水禁運動にほんろうされ続けた。

事件を機に起きた世界的な反核平和運動にもかかわらず、アメリカ、旧ソ連（ロシア）に次いでイギリス、フランス、中国も加わった五カ国が、核兵器を公然と保有する世界になった。さらに、インド、パキスタンなどへと核は拡散し続けている。

イラクの大量破壊兵器保有を疑う国連査察、北朝鮮による核開発の再開宣言など、二〇〇三年の年明け後も核をめぐる国際情勢は緊迫の度を増し、きな臭さは一層現実味を帯びたようにみえる。

事件は一生の重荷…と話す見崎の背後に、太平洋に続く青い海が広がっていた＝焼津市浜当目

踏み絵の平和運動

「こりゃあ難しい話だでなあ、重いこんだもんで」と、第五福竜丸の元漁労長見崎吉男はためらいながら切り出した。“焼津弁”が人柄のぬくもりを伝えてくる。

「もうそろそろ五十年になるだよね。わたしゃね、この第五福竜丸事件てものは、もう乗組員とは関係ない一つの物語と思っちゃいる。何本かある平和運動の柱の一つだと…」

　うつむき加減でじっと考えながら、見崎はゆっくりと語る。

　平和運動と一口に言っても、ビキニ事件関連では主に原水爆禁止日本協議会（原水協）系と原水爆禁止日本国民会議（原水禁）系の二つの反核平和運動があり、焼津市にはさらにもう一つ市主催の反核平和集会がある。三つは政治的思惑によって分裂した原水禁運動の所産でもある。

　第五福竜丸は事件後、東京・夢の島で廃船として見つかって以来、常に平和運動の象徴になってきた。その乗組員らもまた、証人として平和運動への協力を求められ、踏み絵のような圧力が人生に影を落としてきた。

「平和運動は悪いこんじゃない。やるのが当たり前でやらないほうがおかしい、とわしらも思ってる」

　しかし、市民は政党・団体の平和運動にかかわる乗組員をよくは思わない、と見崎は感じてきた。

「第五福竜丸のおかげで損をさせられた、心配させられた、迷惑かけられたと、この三つは市民の率直な意見として出てくるはずだ」

　今でもそう思う。

　だから、過去を知れば、人付き合いでも、お互いの重荷になる気がする。

「船の名とナンノタロベエ

という名前が出ればすぐ分かる。普通のおじさんだと思ってたら、第五福竜丸の人だっけって。寄り合いの合間に一杯飲んで歌の一つもと思っても、待てよ、あんまり目立つことはしないほうがいい。こうブレーキがかかる」

　事件以来、ずっとそうだった。

「政党・団体は久保山愛吉さん（無線長、故人）や、すずさん（久保山の妻、故人）と同じように、乗組員を宣伝に使おうとする。焼津市もあんた方の集会、あんた方の事件だというが、いつまでもそれじゃ困る。乗組員がいるから平和運動ができるなんてとんでもない話。わしらがいなくても続く、市民の運動にしてほしいだよね。第五福竜丸の衆は年を取ったし、はあ、居にゃあずらよ、と言われるくらいでちょうどええ」

　そう軽く言って笑顔を見せたが、決して冗談とは思えなかった。

「第五福竜丸だって、あのままごみにするか、沖に沈めてほしかった。福竜丸があるばっかりに…」

　そっとしておいてほしいという本音が、静かに波のように伝わってくる。それでも、見崎は語ることをやめなかった。

平和運動の象徴として保存される第五福竜丸＝東京都江東区夢の島の都立第五福竜丸展示館

誤解された「漁士」

五十年前、焼津港は東洋一の規模になろうとしていた。遠洋漁業に従事する見崎吉男は焼津の「漁士」として胸を張って生きていた。二十七歳で遠洋マグロ延縄《はえなわ》漁船「第五福竜丸」の漁労長に抜てきされ、遠い将来、船主になる夢もはぐくんでいた。

それ故、延縄の切断事故をきっかけにマーシャル諸島海域に向かい、水爆実験に巻き込まれて被災した最後の航海は、見崎を深く傷つけた。

「台無しになっちゃったね。何を言われようとしょんないよね。航海はまずいし病気にさせられる、おまけに失業者にさせられる、という具合でもってね。その航海を指揮したのはわしだでね。乗組員も恨んでいるでしょうよ」

航行する船舶の最高責任者は一般的には船長である。しかし、遠洋漁船の場合は「船頭」と呼ばれる漁労長に全権がある。第五福竜丸の総責任者は見崎漁労長だった。

筒井久吉（71）は当時、唯一乙種二等航海士の資格があった。二十二歳で経験もなく、事件の時は事実上の名義貸しだった。

「先輩の船長が体調を崩されて辞められたから、急きょ、資格のあったぼくの名義にした。あの時の航海で初めて船長の名義が使われた」

何もわからんかったですよ―と筒井は振り返る。

ところが、事件後の政府による調査は、船長を漁労長と同格かそれ以上に重視した形跡がある。記録にも船長名が多い。世間に「船長」としての発言を求められた筒井には、辛い船出だった。

今でもそうだが、遠洋漁

業の内情に世間は疎い。遠洋漁業が花開こうとしていた半世紀前はなおさらだった。乗組員の人間像までも誤解された。

「当時の遠洋漁業はたいがい六十日という航海。共同生活するには健康でなけりゃ困る。清潔、整とんも基本だから、ええ加減な人間は『漁士』にゃ向かない。それなのに、酒飲みで遊び人でええ加減な野郎だ、と思われていることが多いですよね」

事件後、そのイメージが映画や書物に及んで増幅された。偏見に気付かないままの調査は、事件の記録にも影を落としている。見崎は「漁士」の誇りまで傷つけられることに耐え難かった。

見崎は近年、焼津市などに事件記録の修正を求めている。その理由の一つに「漁士」の復権があるように見えた。

第五福竜丸の母港焼津は遠洋漁業基地としてかつて東洋一といわれた＝焼津市

自責の念持ち続け

無線長久保山愛吉を失った乗組員二十二人が一九五五年五月二十日、一年二カ月ぶりに退院する時、病院側がお別れ会を開いた。その席で主治医だった都築正男東大名誉教授（故人）が助言した言葉を、元漁労長見崎吉男は記憶している。

「病院から出ると皆さんを待ってる人がいる。病院にいる間は皆さんを守り、希望に沿うよう努めてきたつもりだ。ドア一つで皆さんを守ってきたこともある。退院すると、そのドアもなくなる。そうすると、いろんな人が来る。宗教が待っている。次に政党や団体が来る。それから報道関係が来る。宗教と政党は慎重に対応した方がいいと思いますよ」

だいたいその通りだったと見崎は思う。

入院中、見舞いや激励の手紙類が全国から届いた。見知らぬ人たちの善意が幾つもの段ボール箱にたまった。それが闘病の大きな支えになった。

「応援をしてくれた三分の一は子どもたちだもんね。先生が書かせたにしても、純粋な気持ちで、おじさん頑張ってよ、原爆に負けちゃ駄目だよ、みんなが応援してるよって…。一つずつ読めばね、政党や団体に頼りなさいなんて、書いちゃない。乗組員とその家族のためにもね、中立、公正を保ちたいというのがわたしの立場だ」

それでも、招かれれば、各種団体の集会に出掛け発言もしてきた。元乗組員でつくる連絡会「福竜会」を代表し、対外的窓口の役目を一任されてきたからだ。

「乗組員を病気にし、失業

者にし、貧乏にした。事件後、半年も一年も路頭に迷うような思いをさせてるだもんね」

世間という荒海に一人で旅立った乗組員。公正中立を貫いて守らねばという強い責任感を、元漁労長は自責の念とともに持ち続けている。

「当時、わしも『漁士』以外に生きる道はなかった。乗る船がなくなったとき、経歴を抹殺し、一切秘密にして新しい船員手帳を作ってもらってね…。そういうことをしたいと思ったよ」

あの事件は根本的なところで人生を変えた。見崎の言う「生涯の大事件」は、人生を陰に陽に束縛し続けてきたのだ。

見崎は海岸沿いの散歩が好きだ。焼津の海辺は駿河湾越しに富士や伊豆を一望できる。浜や港で出会う見知らぬ人との立ち話も楽しい。近ごろ愛用するつえも浜の流木で作った。

海に来ると気が晴れる。いつまでも事件を背負ってしおれているなという声が、心の奥からよみがえってくるようだ。

海に来ると気が晴れる－と浜辺の散歩をする見崎元漁労長＝焼津市石津

【第五福竜丸の航海】

１９５３年（昭和２８年）

５月

・焼津市の西川角市船主が第七事代丸を購入し「第五福竜丸」と命名。ソロモン海、チモール海、バンダ海などでマグロ延縄漁。

１９５４年（昭和２９年）

１月２２日

・焼津港を出港。

２月９日

・延縄の切断事故。延縄の捜索。

１２日

・ミッドウエー島近海から南下し、新漁場調査のためマーシャル諸島海域へ。

３月１日

・マーシャル諸島ロンゲラップ環礁沖合の公海上で、漁場調査中に米国による水爆実験に遭遇。

・船の位置はビキニ島から１７０ｋｍ前後（１６０ｋｍ強―１８０ｋｍ弱）。

・日本時間午前３時５０分（現地時間午前６時５０分）に閃光。続いて８分強から９分弱後に轟音を体験。

・約１時間、米軍の接近を予想しゆっくりと旋回航法で警戒するが、米軍の影はない。

・午前5時、揚げ縄作業開始。

・午前6時、次第に荒天となる。

・午前7時、風が強く雨になり、波が立ってしぶきが船内に飛び込む。

・午前8時ごろ、灰が横殴りの風とともに飛んでくる。間もなく灰の粉はサンゴの破片と推定する。

・午前9時、作業終了。測定結果を総合し、改めて光と音はビキニ島と確認。針路北へ。

・午前１０時、全天を黒雲が覆う。

・午前１１時、黒雲はさらに重量感を増して威圧的となり、黒いクマの大群が押し合いへし合いするかのように西から東に移動。マストすれすれで異様な光景だ。

・正午、黒雲の下から抜ける。一転して太陽がさんさんと輝く南の海に変わる。針路北に航行中、西から東に向かって流れていた黒雲を南から北に横切った形になった。短時間に体験したさまざまな激しい変化に表現できないほどの驚きを感じた。

●午後5時、乗組員の体調の変化に気付く。航海には差し支えなし。症状が悪化しないことを祈る。

3月2日

●朝の甲板掃除の後にサンゴの粉（灰）を集めて粉ミルクの空き缶に入れて保存する。（後に放射性降下物と判明し、アメリカの水爆の構造を解明する重要な証拠となる）

〈帰航中の2週間〉頭痛、下痢、やけど様の水膨れ、脱毛など体調不良（急性放射能症）

3月14日

●午前5時、焼津港に帰港。

●午前8時、見崎漁労長は焼津協立病院を訪ね当直の大井医師と面談、3月1日とその後の様子を詳細に説明、全員の健康診断を依頼する。午後1時、全員集合。西川船主と相談し、午後4時過ぎに病院を再訪して乗組員2人を東京大学医学部付属病院に送ることを決める。最終列車での東京行きを決めたが間に合わず、翌朝一番列車にする。

3月15日

●午前5時、西川船主と見崎漁労長が乗組員2人を焼津駅に送る。2人は一番列車で東京へ。アメリカの核実験を示唆する紹介状とサンゴの粉（「死の灰」）を持参する。

3月16日

●「ビキニ水爆被災」の新聞報道。残る乗組員は焼津市内の伝染病棟に隔離。

3月28日

●全員が東大付属病院と国立東京第一病院に転院。

9月23日

●無線長久保山愛吉さん死去。

1955年（昭和30年）

5月

●全員退院

（2003年6月元漁労長見崎吉男さんの証言を基に静岡新聞社が作成）

闇奪った閃光

　船乗りは航海に出ると夜空の星と付き合う。カーナビのようなＧＰＳ（衛星利用測位システム）のない時代は、天体を観測して船の位置を求める天文航法で船を操った。

　夜明け前か日没後、わずかに水平線を見分ける薄明の時間帯。夜空に輝く星へ六分儀を向けて天測する。

　当時二十八歳の漁労長見崎吉男は赤く大きな星「アンタレス」を頼りにした。正確に位置決めができるからだ。

　あの日の夜明けも、いつものように一人、ブリッジの左舷デッキに出て、六分儀を掲げた。

「星ん降るようにあったっけ」

　南方の空、高度三七度のさそり座にひときわくっきりと首星アンタレスが輝いている。

　第五福竜丸はエンジンを止めて漂泊していた。ほんとうに、マーシャル諸島の海は穏やかだった。

　夜空の天測を終えて、船首方向に向き直ったその瞬間、見崎は人生のどんでん返しをする出来事を、映画のコマ送りのように脳裏に焼き付けることになった。

　日本時間三月一日午前三時五十分ごろ。南西の方角でさく裂するような光が水平線上の闇を奪った。

（シマッタ！）

　一帯は過去にアメリカの核実験場になった海域に近い。今度の航海について関係機関からの事前情報は一切なかった。が、見崎は「原爆だ」と直感した。

　白、黄あるいは赤く変化する言い様のない光が記憶にある。

「強烈な火のような、重量感のある光だっけね。水平線全体がせり上がるようにして、光のじゅうたんが福竜丸の上に覆いかぶさってきた。どこもかしこも明るくなってね。海面もキラキラ光ってた」

投縄終了後三十分余り。ほとんどの乗組員が船室内に戻っているころだ。

当時二十二歳の船長筒井久吉は、ブリッジ船室内のベッドにいて、丸窓から差し込む強い光に気付いた。「みんなベッドに入った直後か、まだ一服しとった人がおるかも」という時間帯に。

大石又七（69）は当時二十歳の冷凍士。船内出入り口の真下にあったベッドにいて、開け放たれたドアから差し込んだ黄色い光に驚いた。「ピカッと明るくなってしばらく光が消えない。なんだろうと思って」甲板に出た。

ロンゲラップ環礁の北側近海。水平線からこぶし一つ上に、闇夜に光るレンガ色の光球が残っていた。「ウエス・サウスウエス（西南西）…」、見崎はその方角を羅針盤で確かめた。海図上の三角定規がぴたりとビキニ環礁を指していた。

アメリカが1954年3月1日、ビキニ環礁で実験した水爆のさく裂（Courtesy of Mushroom Cloud Picture Gallery）

全身しびれる轟音

西空の異様な火球が次第に輝きを失って消滅したとき、二十四歳の甲板員だった吉田勝雄（73）はわれに返った。

「熱いって感じはないが、強烈な光だった。だんだん薄くなって、最終的に消えたなと思うころには、もう東の空が白んできた。明け方寸前だっけだよね」

日本との時差は三時間。現地時間午前六時五十分近く。マーシャル諸島付近の日の出が近づいていた。

「いまの光はなんだ？」「どっちの方角だ？」――甲板に飛び出してきた乗組員は緊張感に包まれている。

「エンジン、スタンバイ！」「準荒天（こうてん）準備！」

漁労長から矢継ぎ早に指示が飛んだ。荒天準備は緊急時の備え。荷を固定し緊急用備品を確認、見張りを立てる。号令を聞いて、二十一歳の機関士池田正穂（70）は急いで機関室に戻り、ディーゼルエンジンをかけた。

船はボンデンに沿ってゆっくりと動きだした。延縄漁は、延長数十キロの幹縄に等間隔で垂らした枝縄で釣る。ボンデンはその幹縄に付けた浮きの目印だ。第五福竜丸は“臨戦態勢”で辺りを警戒し始めた。

そのとき、突如轟音が襲った。閃光をしのぐ衝撃にデッキの乗組員は一斉に身をすくめた。

「ゴオーッ」「ガアーッ」と、音を再現しようとしたがしっくりしない。元漁労長の見崎吉男は記憶を手繰りながら思わず身構えた。息が荒くなっていた。

「幾つもの山が一度に崩れるような、海底にあいた穴に土砂が流れ込むような、すさまじい音だ」

吉田は「頭の先からつま

先までがしびれるような音」と言った。

　轟音が去ったあとの静寂の中で、「パチャン、パチャン」と船べりに波が当たっていたのを、二十七歳の甲板員だった見崎進（76）は、妙にはっきりと覚えている。

　吉田も原爆を想起した。予科練（海軍飛行予科練習生）時代に聞いた新型爆弾の話や、船内にあった雑誌に九年前の広島原爆の話が載っていたことを思い出していた。

「閃光で爆心地付近の人が亡くなった。その後、空一面が曇ってにわか雨が降ってきた。その中に放射能が含まれていた。それを浴びたら、一年ないし三年の寿命だっていう記事があった」

　ニュース映画の知識もあって誰かが「ピカドン（原爆）じゃないか」と言ったのを見崎進は思い出した。

（音もビキニ島方向だ。米軍は必ず来る。来ないわけはない）

　漁労長は時計を見た。閃光から九分弱がたっていた。

アメリカがビキニ環礁で実験した水爆の火球＝1954年3月1日（Courtesy of Mushroom Cloud Picture Gallery）

船覆う真っ黒い雲

ビキニの方角が薄明るくなってきた。黒っぽい雲が入道雲のようにわき上がっている。

第五福竜丸は延縄を見失わないように、ボンデン沿いにゆっくりと旋回していた。

アメリカの原爆実験に違いないと直感した乗組員は多いが、だれもまだ確信はなかった。

仮に新型爆弾の実験として、光と音から算出した距離はおよそ百八十キロ弱。ずばりビキニ環礁までの距離になる。直線距離で東京―御前崎間。爆弾が東京都心でさく裂したとして、静岡県内の半分まで、度肝を抜く光と音が襲うというのか。

「第一、ビキニ島が実験場に復帰したというのはわたしゃ知らない。出港するときにはそういう情報はないし、過去の危険区域は解除して安全だとばっかり思ってた」と元漁労長の見崎吉男。

「この海域に来るまで、船はこうこうとライトをつけていたから、アメリカは知っていると思ってね。無防備で実験をやってるわけじゃないし。小さい変な船が来てるなと、一応確認すると思ってね。飛行機でも軍艦でも、何かが正体を見せるかもしれないと…」

しかし、一時間近くたっても、西から広がる暗雲以外、何の変化もなかった。午前五時ごろ、延縄を揚げることにした。

早朝からの曇天は次第に暗くなり、やがて濃灰色の雲が空を覆った。

「午前七時ごろに、雨と一緒に、何だかちっと変な物が降ってきたのに気付いた。風がだんだん強くなり、横殴りの台風状態になった。波がドーンと船に当たって、しぶきが上がる」

揚げ縄が終わるころには、灰が吹雪のように降っていた。船上の乗組員は粉雪を受けたようになり、甲板は霜が降りたようになった。九時から十時にかけて、しけ模様はさらにひどくなった。

「真っ黒い雲の固まりが幾つも連なって、まるでクマの大群が押し合いへし合い移動していくようなね。棒でも伸ばせば届きそうな、マストのすぐ上で動いている。全天すごい光景だ」

降灰は既に三時間を超えた。「真っ暗いトンネルを、つえを突いてとぼとぼ歩いてるようなもんだ」。いつまで続くのか、どうしたら抜けられるのか、見崎はそればかり考え続けた。

十一時を過ぎるとようやく風波が収まり始め、正午、突然、雲が切れて日が射しだし、南洋の青い海原が広がった。

閃光と轟音の後に襲った黒雲は
延々と続いた…（イメージ写真）

た。陽光がさんさんと輝きだし、南洋の青い海原が広がった。

船尾を振り返ると、東西に棚引く黒雲の下に、暗闇の世界があった。

閃光から八時間。筆舌に尽くし難い異様な世界が、やっと終わったかに思えた。

「死の灰」と知らず

　第五福竜丸はディーゼルエンジンを主動力にする木造帆船である。前後のマストに三角帆、前部マストにメーンセールを備える。

　船はセールに風をはらんで風下側にやや傾きながら、南洋の日差しの中を航行していた。

　未明から半日続いた異様な出来事は何だったのか。焼津はあの異変を知っているのだろうか。知っているなら、向こうから安否を尋ねてきてもいいはずだ。知らなければ、自分たちは秘密の実験に遭遇したことになる。

　乗組員らは漠然とした不安を抱えていた。原爆実験を疑う当時二十八歳の漁労長見崎吉男は米軍を警戒していた。

「焼津（漁協）と交わす定時交信は、普通のあいさつにしてくりょう」

　漁労長は無線長の久保山愛吉＝当時（39）、故人＝に指示した。近くにいる船とも交信して、それとなく状況を探るようにも頼んだ。おかしな船や飛行機を見たら教えてくれ、と機関長や無線長も乗組員に伝達した。

　甲板《こうはん》員らは甲板《かんぱん》に積もった灰を海水で洗い流して清掃した。

「きれいな白い粉だけえが、水に濡れると黄色く変色するだよね。おそらく、舞い上がった爆発の灰が雨と一緒に落ちてきたじゃないか」と、当時二十四歳の甲板員吉田勝雄は考えた。

　灰は機関場にも積もった。通気用に開閉できる機関室の天井は、エンジン稼働時には開けている。

「機関場に降りるたびに頭が痛くなる。おかしいぞ」と、当時二十一歳の機関士池田正穂は感じていた。

何人かが、その日の夕方から奇妙な症状に襲われた。灰が降っている時から目の痛む者は多かったが、今度は頭が何となく重いと見崎は思った。

「計算力が落ちてやり直したりしてね。ふだんはどんぶり飯を何杯も食う連中も、食欲がない」

船べりでおう吐する者も出た。「今まで見たこともない現象だから、降ったやつをもんでみたり、なめてみたり。かんでみたりするとガリッというが、味はない。水に溶かすとしんが残る。普通の砂とは違う。サンゴだなあ、こりゃあ。サンゴ礁が爆発してるなあ」

見崎はますます、ビキニ環礁での原爆実験に違いないと確信を深めた。翌日、掃除をする甲板員にデッキの板のすき間に残る灰を、空き缶に集めるよう指示した。

「もしかしたら何かの証拠になるかもしれない」と、見崎らは灰の入った缶などを、寝床わきや備え付けの棚に保管した。これがのちに「死の灰」と言われる放射性降下物（フォールアウト）だった。

第五福竜丸に降った白い放射性降下物＝東京・夢の島の都立第五福竜丸展示館

不安を抱き帰港

マーシャル諸島海域から、第五福竜丸はほぼ一直線に北西の針路をとった。母港の焼津まで約二週間の航海だ。既にその半分に当たる南鳥島沖を通過している。

乗組員の中には頭痛や下痢などが治まる者もいたが、今度は灰の付着した辺りの皮膚が、やけどのような水膨れになり、やがて髪の抜ける者も出てきた。

最も手すきな無線長の久保山愛吉が船内を回り、随時、乗組員の様子をブリッジに伝えていた。

当時二十八歳の漁労長見崎吉男は、急患に備えて常に島の位置を気にした。小笠原諸島は、まだ米海軍の施政下にあった。八丈島を過ぎれば、一気に帰港できる海域に入る。一日千秋の思いだった。入港を前に機関長、無線長、ボースン（甲板長）をブリッジに呼んで、早々接岸後の段取りを決めた。

三月十四日午前五時ごろ、せり直前の焼津港に入った。

船を下りた見崎は八時ごろ、焼津市の焼津協立病院を訪ね、休日当直の外科医師大井俊亮（故人）に会い、異様な体験を話した。症状が少しずつ重くなっている気がすること、異常な現象との関連が気になることなどを懸命に伝えた。

大井は最初、ごく軽いやけどの症状だから薬を塗っておけば治る、と答えていた。しかし、不安をぬぐいきれずに食い下がる見崎に、「あんたの言うような詳しい検査はここじゃできないな」と言った。

大井は「原爆症」を念頭に置いたのか、身内が広島で被爆したことや自分も広島の被災地に応援に行った体験、放射線を測定するガイガーカウンターのことなどを話してくれた。また、広島、長崎の被災調査をして日本初の原爆論文を書いた東大名誉教授都築正男の話も出した。

　見崎は病院を出たその足で、船主の西川角市（故人）を訪ねて事の委細を話し、大井に聞いた東大医学部付属病院で診療を受けたいと相談した。西川は「おれにゃ何ん何だかわからねえけえが、見崎、おめえがそう思うなら話を進めてくんねえか」と答えた。

　同日午後四時すぎ、見崎は再び病院を訪ね、恐縮しながら東京行きの希望を話してみた。大井は、それも良い考えだと紹介状を書いてくれるという。医師の関心を引くよう先程の原爆実験の話を書こうと思うがどうかと言う大井に、見崎は「先生がいいと思やあ書いてください」と頼んだ。

「水素爆弾による原子雲を受け原爆症？…を…」

　東大付属病院への紹介状には、世界初の水爆被災をにおわせる表現が盛り込まれた。

事件当時のガイガーカウンター＝焼津市中港の焼津漁業資料館

「原子病」… 町騒然

　第五福竜丸が帰港した三月十四日午後、焼津市の焼津協立病院医師大井俊亮（故人）は、当時二十八歳の漁労長見崎吉男と相談し、乗組員を東大医学部付属病院に送る手はずを整えた。大井は二、三人でいいだろうと、脱毛の目立つ甲板員＝当時（27）故人＝を指名し、あとは見崎に任せた。

　詳しい状況説明が要ると思っていた見崎は、一番の相棒と信頼していた機関長＝当時（27）故人＝を使者に立てることにした。

「まだ、ふろにも入らねえし一杯も飲まねえにな、無理を承知だけえが…」と二人に事情を話すと、「ええよ」「行くよ」と承知してくれた。

　しかし、既に午後五時を過ぎて東京行きの列車はない。慌ただしい一日が終わった。乗組員はこの日、五十二日ぶりに陸《おか》の生活に戻った。

　仮にこの夜、第五福竜丸の異変を知る者が、夕刊を手にしたら、次の記事にはたと目を留めたかもしれない。

「米、新型水爆を実験　設計者をも驚かせた威力」（静岡新聞十四日付夕刊＝ワシントン十三日発ＵＰＩ共同）。記事は米軍事消息筋の話として一連のビキニ水爆実験の一回目が異常事態になったことを伝えていた。

〈実験はマーシャル群島のビキニ環礁で行われ…爆発は予想以上に強力で…設計を担当した科学者たちを驚かした…ビキニ環礁の実験用施設も破壊したため以後の実験予定を変更した〉

　既に二日付夕刊には同じ発信元でアメリカが一日に同群島で「原子実験」をしたという記事がある。しかし、当時、事前情報すら入手していない漁協関係者は気に留めた風もなく、乗組員の報告を聞いて一様に驚いた、という。

十五日早朝、船主の西川角市（故人）と見崎は東京に行く二人を焼津駅に見送った。機関長は医師の紹介状とともに、異変の証拠である「灰」の入った缶を託された。

残った乗組員はこの日、港で第五福竜丸から漁獲物の水揚げをし、次の航海に備えて延縄の縄を作ったりしていた。どこでかぎつけたのか新聞記者が船に来たのを、当時二十七歳の元甲板員見崎進は覚えている。

第五福竜丸被災の一報を伝える1954年3月16日付静岡新聞朝刊の社会面

読売新聞朝刊が大きく報道した十六日、静岡新聞朝刊にも「焼津第五福竜丸 ビキニ環礁付近で原爆に遭遇 乗組員の頭髪も抜ける」という短い一報が載り、夕刊は社会面の半分を割く記事になる。昼前には東大医学部名誉教授の都築正男（故人）が東大付属病院で記者会見し、二人の乗組員の診察結果を「原子病」と発表した。

町は騒然となった。

未知の治療を決意

船も乗組員も検査、隔離され、帰港後二週間は騒動の中で過ぎていった。当時二十七歳の甲板員見崎進は、自分たちのニュースを新聞で読んだ。

「腹の中じゃあ、よく被ばくを見つけてくれたなあって感じだな。入港してから次の出港の準備をしてただもんね、そのまま出航すれば幽霊船になっちゃうとこだっけ」

放射能に対する見えない恐怖に、町中が過敏に反応していた。

「ガイガーカウンターの針が振り切れるほどガーガーしたって、家族がびくびくしちゃってね。近所の衆も放射能がうつるって、寄りつかなくなっちゃってね」

隔離先も焼津市内の伝染病棟だった。乗組員の包帯を火ばしで洗っていた看護婦がいた。怖かったのだろうと思う。

東大医学部名誉教授の都築正男は、東京への転院を勧めて当時二十八歳の漁労長見崎吉男にこう言った。

「まだ治療が確立していないが、アメリカよりは日本のほうが進んでいる。広島、長崎の体験に基づく治療方法でいいのかどうか、研究の対象にするかもしれない。本人の協力次第で治療の方法が違ってくる。ぜひ積極的に協力してほしい」

先に送られた二人に続き、三月二十八日までに比較的重症の見崎吉男ら五人が東大付属病院へ、無線長の久保山愛吉ら十六人が国立東京第一病院へ収容された。医師団は見崎と久保山に入院患者のまとめ役を頼んだ。

主治医の都築は見崎に、今でいうインフォームドコンセントを行った。

「四、五月が最初の危険な峠で一、二名犠牲者の出る可能性が十分ある。輸血が必要なので三―四月は輸血をするが、その結果、肝臓をやられて黄だんになるかもしれない。その第二の危機が九、十月に来る」

いったい当時の乗組員はどの程度の被ばくだったのか。放射線医学総合研究所緊急被ばく医療センター室長の医師明石真言（48）によると、乗組員の全身被ばく線量はガンマ線で一・七グレイから六・九グレイ。東海村臨界被ばく事故（一九九九年九月）と比べた場合、被ばくした作業員三人のうち、七カ月目に死亡した二番目の犠牲者と八十二日目に退院した作業員との、中間程度の被ばく量に相当するという。

「レントゲン撮影に行くたんびに、先生があんたたちはよく助かったねと言ったっけね」と見崎進。白血球が減少しているため、抜歯をする乗組員にも万一のために身内を呼び寄せたほど、医療現場は緊張していた。

東京で療養中の第五福竜丸乗組員（静岡新聞社所蔵）

久保山さん　逝く

　第五福竜丸は若さにあふれた船だった。入院中に四十歳になった無線長と三十七歳のコック長を除けば、残り二十一人が三十歳以下。どちらかといえば事務系で小柄な無線長を除き、多くは漁労で鍛えられた頑健な者ばかり。体力のあったことが幸いしたと、後日、医師の一人が語った。

　それでも、やがて六、七人が慢性的な放射線障害の症状に陥り、数人が再生不良性貧血の症状を示す重症患者になった。


「どうか死ぬ人が出ないように、死ぬときゃ一番先におれが死にたいと、神様にお願いしたいと思ったっきね。ふんとにそう思った」

　元漁労長の見崎吉男はしみじみと言った。入院中に乗組員を見舞う危機が、見崎には最もつらかったのだ。

　医師団は中でも無線長の久保山愛吉＝当時(40)＝の容体を心配していた。第二の峠とみていた九月を迎えると、久保山の病状は重くなった。医師団の懸命な治療のかいもなくこん睡状態に陥った久保山は、二十三日、ついに命が尽きた。

　水爆被災者として注目を浴びていた乗組員の死は、全国的な反響を巻き起こした。翌月には焼津市で国務相、米公使ら約三千人が参加した「漁民葬」が執り行われ、東京では「追悼全国漁民集会」が開かれた。

　その席で、焼津漁協組合長の近藤久一郎（故人）が、人道主義を唱える米国が誠意を示すどころか第五福竜丸の軍事スパイ説まで流した―と、乗組員の言葉を引用しながら激しく非難した記録が「焼津漁業史」に残っている。
「入港当時、危険区域の変更とか三月一日の実験の予告があったのではないかと、われわれに念を押したほど」乗組員は何も知らなかったのだ、と反論。日米両政府が「慰謝料」で解決しようとしている件には「船員は…米国の賠償以外の国民の血税による生活補償を受けてまで生きる意思はないと言っている」と、毅然とした態度を伝えた。

　乗組員らはまさに内憂外患だった。

「久保山さんが亡くなったことがショックだったけな。わしだけじゃなくて、だれもな」

当時二十七歳の見崎進ら闘病中の乗組員は、次はおれかと一時は不安を募らせた。

　しかし、やがて正月も越え、五月半ば過ぎにはそろって退院を迎えた。

「皆さんの退院は完治での退院ではない。これからも病院の指示に従ってほしい」

　医師団はそう忠告した。

１９５５年5月２０日、退院した第五福竜丸乗組員の出迎えでごった返す焼津駅ホーム（静岡新聞社所蔵）

わい小化と象徴化

対米関係を重視する日本政府は事件の発覚当初から、早期沈静化を図ろうとしていたことが、近年、公開された外交記録文書で裏付けられる。

その一つに第五福竜丸帰港後わずか五日目（三月十九日）に、当時の外相岡崎勝男が在米大使にあてた至急電がある。

「本件は恰好のトピックとして昨十六日以来新聞は勿論国会に於ける質問の中心になりたる観あり。且左翼分子の扇動もあり、之を放置することは、日米友好関係上面白からざるのみならず、米国の必要とするｓｅｃｕｒｉｔｙ保護に対する我方の協力に遺憾の点を生ぜしむる如き空気を誘発するおそれ無しとせず」

情勢分析に続く提言として「米国政府が進んで『若《も》し日本漁船に何等過失無かりしこと明らかとなりたる際は、被害補償の措置をとる用意あり』との趣旨を公式に声明すればわが輿論を沈静せしめるに多大の効果あり」と、米国務省との交渉を手回しよく大使に指示している。

岡崎は被災した第五福竜丸が帰航途上の八日、アメリカとの相互安全保障協定に調印したばかり。協定はアメリカが自国の世界戦略を担う日本の軍事力増強を援助し、自由世界の防衛努力と自衛を日本に義務付けた。公開文書は日米関係を悪化させる種を極力摘もうとする外相の意図を裏付けている。

しかし、事態は簡単には収拾できなかった。

沈静化を図ろうとした外相自身、米国の水爆実験に対する協力を再三表明して世論を逆なでし、物議を醸した。

　乗組員らは病床で外相の発言を聞くたびに憤慨した。中でも久保山愛吉は「協力しましょうと言った岡崎さん、実にあっぱれ、強心臓と感心しました」と遺稿となった手記の中で皮肉り、原水爆の禁止を強く訴えた。久保山の死は広範な放射能被害が明らかになる中で水爆禁止署名運動に火を付けた。署名は国内で三千四百万人、世界で約七億人に広がり、一九五五年八月に広島市で第一回原水爆禁止世界大会を開く原動力になった。

1954年5月24日、焼津港を訪れ第五福竜丸（右手）を視察する政府関係者（静岡新聞社所蔵）

　日本鰹鮪《かつおまぐろ》漁業協同組合連合会の「日鰹《にっかつ》連史」によると、汚染漁獲物を廃棄した漁船は最終的に九百九十二隻。このうち国は八百五十六隻を確認した。中には焼津港所属の第二吉祥丸や用宗港所属の第十一日光丸などのように、乗組員が被ばくしたとみられる漁船が存在した可能性は大きい。

　しかしその後、政府や業界による調査もなく、高知県ビキニ水爆実験被災調査団など民間団体が一部を掘り起こした程度で全容は不明なままだ。

　一連の被災は主に「第五福竜丸事件」と呼ばれてきた。事件のわい小化と象徴化をにおわすこの事件名は、長年、同船の関係者を苦しめることにもなった。

■ヒバクシャ

一九四五年八月、広島、長崎に原爆が投下され二十一万人余りが死亡、生存者も衝撃波と熱線と放射線による被爆の苦悩を負った。被災には何の補償もなかったが、ビキニ事件を機に被爆者の組織的運動が進展し、被爆者援護法につながる法整備を促した。

「被爆者」とは、広島、長崎の原爆被爆者を対象とした同法に基づき被爆者健康手帳を交付された人をいう。厚生労働省によると「被爆者」は約二十八万五千人。静岡県内にも千人近くがいる。

ビキニ事件などの放射線被曝（ばく）の被災者は対象外。第五福竜丸の元乗組員は、被爆者の唯一の全国組織「日本原水爆被害者団体協議会（日本被団協）」にも個々の事情などから所属していない。

しかし、被爆と被ばくの区別をなくし、核実験や原発事故の被害者も含めた総称「ヒバクシャ」が近年、世界の共通語になった。

核兵器の爆発力はこの広島型原爆を基準に倍数で表現されることが多く、米国がビキニ事件を引き起こした実験水爆「ブラボー」は千倍、米国が二〇〇三年末に研究着手を決めた小型核兵器は三分の一と言われる。

■人体実験

核保有国が放射性物質の生物的な影響を調べるために人体実験をしていたという事実が、一九八〇年代以降次々と明らかになった。ビキニ事件は米国が人体実験をしていた時期に該当する。被災したマーシャル諸島住民や第五福竜丸乗組員の病状に米国が関心を持つのは当然だったといえる。

八六年十月二十四日の共同電によると、米国政府は四〇年代半ばから七〇年代初めの間に服役者や病人など六百九十五人に放射性物質の注射や投与を行った。九六年十一月二十四日には、英国が五〇—八〇年代、約二百人に放射性物質を注射し投与した。

九八年四月三十日には、米国とノルウェーの研究者が、五〇—六〇年代、首都オスロの三施設で知的障害者に人体実験をしたと伝えている。

十二月九日には米国エネルギー省核実験公文書館の内部文書から、ビキニ事件後に死亡した第五福竜丸の元無線長久保山愛吉さん（当時40歳）の遺体組織の一部が米国に渡り、病理標本となっていたことが明らかになった。

■分裂ビキニデー

静岡県内には、かつての国民的な原水爆禁止（原水禁）運動の流れをくみ、その後分裂した二団体の主催行事がある。

一つは原水爆禁止日本協議会（原水協）がバックアップする3・1ビキニデー県実行委員会と原水爆禁止世界大会実行委員会が共催する行事。毎年三月一日、久保山愛吉第五福竜丸元無線長の墓所がある焼津市で墓参行進と墓前祭、集会を開く。この行事と前後して原水協が静岡市での国際交流会議と焼津市での集会を開く。

もう一つは原水爆禁止国民会議（原水禁）の参加するフォーラム平和・人権・環境（平和フォーラム）が主催する行事。やはり三月一日に焼津市で墓前祭を開き、前後して静岡市で全国集会などを開く。

地元の焼津市は政治色を敬遠する市民感情を背景に、第五福竜丸元乗組員の多くの参加を得て、毎年六月三十日に独自の反核平和行事「6・30市民集会」を開いている。

過去封印した半生

「わたしは、もうあの事件にはー切かかわりがありませんから、話すつもりはありません」

折り目正しい口調が、断固として取材を拒否する意思を伝えていた。

話すつもりはありませんから、と電話口でもう一度繰り返した言葉から、厳しい表情が手に取るように分かった。

物静かで誠実な公務員生活を送った、と知人らが評する第五福竜丸の元甲板員(67)は、マスコミだけでなく、事件とのかかわりが表面化することを一切避けてきた。事件以来、公の発言録は皆無に近い。

もう一人の元甲板員(74)は「取材は遠慮させてもらいたい」と電話口で次のように言った。

「わたしも高齢であるし、断る事情も一切申し上げずにお断りすることに決めてありますから」

被災三十年のとき、マスコミの取材を受けているが、その後、事情が変わったのだろう。焼津市主催の反核平和集会「6・30市民集会」も最初の数回でやめた。

「断る理由を話すこと自体差し障りがあるから」と、対面を望む言葉を制止するように言って、電話を切った。

また、別の元甲板員(73)は留守番の家族が盾になった。二〇〇二年九月下旬。ぐずついた天気。

「(新聞などに)載せるたびに全然知らない人から電話が来るもんですから、それがすごく嫌だってことを言ってました。昔のことですから、見崎(吉男元漁労長)さんに聞いてくれって言ってました。掘り起こしたくないって気持ちが強いもんですからね、お断りしています。主人はいろんなことを聞かれるたびに、ぞくっとするって嫌がっていました。勘弁してください」

暗い玄関の奥から、妻は一気にそう話した。縁あって事件直後に結婚。夫がどんな境遇を生き抜いてきたか熟知しているはずである。

「一番最初に就職に差し支えて随分つらい思いをしたもんですからね。それからもう絶対に（取材を受けるのは）嫌だって言ってました。一番働きたいときにね。みんな、もうすべてが駄目になっちゃったもんですからね。それが嫌だって思ったから、それから絶対にお断りしています」

実は、彼もまた被災三十年にマスコミの取材に応じたことがあった。妻自身にもつらい体験があったのだろう。

「いろんな面に差し支えて生きてきたし、子どもたちにも知られたくない。名前も出してほしくないから、わたしは最初から断っています」

きつい口調のはっきりした意思表示だった。

第五福竜丸の朽ちたエンジン＝東京・夢の島の都立第五福竜丸展示館

「何もないけんな」

昼はセミ時雨、夜はコオロギ。いつ訪ねても応答のない家だった。

あきらめかけていた二〇〇二年八月下旬、玄関先でばったりと元乗組員（70）に会った。日差しはまだ強かった。やせてはいたが、くぼんだ目が輝いていた。

名刺を見て「ああ、あんたか」と絞ったようなかすれ声で言った。手紙を一読してくれたのだろうか。玄関の上がりかまちに誘われて座り、再度取材の趣旨を話した。

「ないなあ。何も話はないけんな」と言いつつ、ぼそぼそと語りだす。

第五福竜丸で担当していた仕事、事件後はマグロ船にもう一度乗りたかったが、乗れる船がなかったこと、一番つらかったのは勝手の分からない陸に上がったこと…。事件のことは灰が降ったことだけ記憶にあると言った。

「人生変わっちゃったよね。人生もそうだけえが、世の中が変わったもんでね。みんなが事件に振り向かないもんね」

あれから間もなく五十年になると言うと、「そうかもしんね」。方言に感慨を込めてつぶやいた。

「結構丈夫でやって来れたと思うな」と、問わず語りに振り返った。心の中で事件は終わっているのだろうか。

「一生終わらないようにしてある。六月三十日（焼津市主催の市民集会）なんかでね」

突然、玄関が開いて夫人が現れた。夫人はとっさに、状況を察した様子だった。

「わたし、全部隠しているもんだでね。お父さんのことは、お友達もだれも全然知らないだよ」

事件とのかかわりは、子

どもの結婚相手にも話してないと続けた。

「わたしも健康でね。子どもたちも今まで何も言うことなく育ってくれたもんでね。ありがたいけんね。平々凡々と生活してきてるもんでね。これっていう意見もないだけんね。見崎吉男さん（元漁労長）の意見が一番正しい気がするもんで、同感ですって言うことしかないもんで…」

　話は元漁労長に聞いてほしいということだ。あらためて取材の意図を話すと、苦労話があふれ出た。

「一緒になってからずっと肝臓で入退院を繰り返してきてるからね。入院と手術を五年にいっぺんずつ繰り返して。歳はなんぼも違わないだよ。やっぱ、お父さんは病気するもんで年寄りに見えちゃうだよね」

　五十五歳で交通事故に遭い一時重体になったこともその後の体の負担になった。恵まれたのは一つの会社に四十年余り勤められたことだった、と話した。

　この日以降、再び応答のない家になった。

　それから九カ月後の二〇〇三年五月二十二日、元乗組員は他界した。七十一歳だった。二十三人の元乗組員のうち、十二人目の物故者になった。遺族は「元乗組員の死」として公になることを拒んだ。

事件当時の船体のシルエットを残す第五福竜丸の船首＝東京・夢の島の都立第五福竜丸展示館

「平和だけを願う」

第五福竜丸元甲板員（71）の住まいは閑静な住宅地にあった。「個人的に発言することもないし、まとまった考えもないから、取材はお断りだ」。そんな受話器の声がよみがえってきて足が重い。しかし、どこかぬくもりを感じる口間隔調にひかれて、迷いつつ門扉の前に立った。二〇〇二年九月下旬の暑い日だった。

前庭の隅の日陰にうずくまって、草花の手入れをしている人がいる。あいさつをして自己紹介すると、厳しい顔つきになった。本人だった。「耳が遠いから聞きづらいが、用件は何か」と大きな声で問われた。取材の趣旨を少し話すことができた。

「もうそういうことは忘れたいと思ってるんですよ。ぶり返すようなことはしたくないと」

その通りだろうと思いながらうなずいた。

「（他の乗組員も）思いは大差ないと思うけんね。昔のことは思い出したくもないし、ただ、そういうことがないように、平和な世の中で安心して生活ができるように、それだけを願っている。人類の破滅につながる問題ですからね」

「小塚さんのことはご存じ？」と突然言われて、船員保険の再適用の件かと聞き返すと、「県は受け付けちゃくんなかった」と語りだした。

相良町の元甲板員小塚博（71）。慢性C型肝炎の発症は被ばく治療時の輸血が原因―として船員保険の再適用を県に申請したが承認されず、国の社会保険審査会の再審査によって二年半前に再適用になった件だ。

「県がもっと身を入れてわたしたちのことを考えてくれても良かったじゃないか

なと、つくづく感じた。中央へ行けば分かってくれる人があるんだなあってね。わたしたちのような、被害を受けた身でなけりゃほんとのことは分かんないなって、痛切に感じたね」

しり上がりに声が大きくなった。

小塚を支援していた元冷凍士大石又七（69）＝東京都大田区＝も申請し、再適用を受けた。申請をしたいと思うのかと問うと、自分は申請しないという。

「ここまでな、元気に生きれば、別に申請しなくたっても上等だって頭がある。前途に希望ってものがあるとすれば、平和な世の中で暮らしていければそれでよし、という思いがあるだな」

日差しがじりじりと肩に刺さった。

「言いだしゃキリのない話だけんね。（事件とのかかわりは）今日まで近所にも言ってない。わざわざここまで来てくれた気持ちだけ、ありがたく受けさしてください」

電話――と屋内から呼ぶ声で話は切れた。

事件当時のまま残る第五福竜丸の船体外板＝東京・夢の島の第五福竜丸展示館

「運命とあきらめ」

「いまさら何を聞きたいですか」。一九九二年十一月六日、電話に出た元第五福竜丸無線長・故久保山愛吉の妻すず＝当時（71）故人＝は、いきなり拒む気配をみせた。

　平和の象徴という柔和なイメージとの落差に戸惑った。つい、本当の気持ちを聞きたいと単刀直入な切り出しで自分の思いを話すことになった。すると、しばらく耳を傾けて、「いまならうちにいるけど」と言った。

　元無線長の自宅は、焼津市浜当目《はまとうめ》の大崩《おおくずれ》海岸に近い山すそにあった。

　玄関の上がりかまちに勧められて座る。廊下に座った小柄なすずと視線の高さが合った。郷里が近いこと、浜当目の虚空蔵尊の例祭には、幼いころによく来たことなどを話した。すずは上手に雑談に付き合いながら、少しずつ本心を語り出した。

「こんな思いは経験を持った人でなければ分からないでしょうが、一日として明るい、楽しい日を過ごすことができなかったですよ」

　多くの人の支えがなければ生きられなかったと振り返る一方で、世間の目が怖かったとも言う。

　日米両政府の政治的決着による被災の慰謝料には「お金をもらって生活できてええな」、夫の墓前を会場にする3・1ビキニデーには「毎年お祭り騒ぎをやってくれていいのう」などという声を耳にしてきた。

「亡くなった人（夫）のことを言っても仕方ないけえが、あんな死に方さえしなければね。後へ残った者も大変だったですよ。わたしだけが苦しいじゃない。子供まで遠慮がちに通らなきゃならなかったですから」

しかし、依頼を受けた平和運動にはできる限りの協力をしてきた。一九五五年の第一回原水爆禁止世界大会（広島市）では、約五千人の参加者を前に核兵器の廃絶を訴えた。そうした行動を「アカ」呼ばわりされたこともまたつらかった。ビキニデーで主催団体から紹介された「夫人の言葉」として毎回「おことづて」についても協力をし続けたが、「わたしの言葉じゃないですよ。皆さんが整理して書いてくださる」と目に涙をにじませた。善意にこたえる人だった。

しかし、反核への思いは嘘ではない。

「原水爆はやめてほしい。それだけは頭を離れない。平和にならなければ本当に困ります」

そう毅然と言って、「でも、世の中は変わらないですよね」と寂しげに嘆いた。

「わたしにしてみりゃつまんない人生だっけ。全く嫌な世の中だっけね。でも、生まれてくるときから与えられていた運命だと、あきらめるより仕方ない、と思うですよ」

事件後、缶詰工場で働く故久保山すずさん（左）＝1959年2月27日、焼津市内（静岡新聞社所蔵）

「核なくさにゃな」

一九九三年六月、夏空の日。焼津市浜当目の久保山すず第五福竜丸元無線長久保山愛吉の妻＝を久しぶりに訪ねた。庭でのんびりと草木の話になった。

「おとうさんが植えたのは、いいかげん（かなり）あるですよ」と方言交じりに語りつつ、「愛吉のバラ」と呼んで平和団体が普及を図るバラの話になった。

「わたしはただ自分が挿して置いたのを分けただけで、深く考えちゃいないっけですよ。あの人たちは大事に咲かせたいらしいですよ。梅の木の横にボタンもあるでしょ」

そう言って、松、コウヤマキ、シャクヤク、キキョウと数え「これらもおとうさんが植えたですよ。モミジはわたしが植えたですけんね」と、生き生きと説明をする。「花が好きだったもんでね」と夫を振り返った。

バラは反核平和運動の象徴として選び出されて披露され、東京・夢の島の都立第五福竜丸展示館など全国の平和運動の拠点に送られていった。

「集会や運動にもっと楽な気持ちで参加できれば良かったんじゃないかと思うですよ。出れば出た、出なければ出ないと言われ、ああいうことを言った、こういうことを言ったといちいち採り上げられてね」

戦争反対など誰もが口にしそうな言葉も、すずが使えば象徴的に採り上げられた。

「そういうのがわたしは嫌でね。それでみんなからあだこうだといわれるのが一番頭にくることですよ。そんなことを何で言うのかと批判も来る。何で言ってはいけないのか聞きたいと思ったっけですよ」

嫌がらせの電話や手紙にも閉口した。

「（平和運動の）皆さんが一生懸命やってくださるから悪いですけど、本当は何も言いたくはなかったですよ」

しかし、核実験のニュースを聞くたびに「一生懸命なくすことを考えにゃな」と思う気持ちは強まった。

翌年は被災から四十年だった。

「もう思い出したくない気持ちでいるですよ。四十年ってもなかなか長いしね。おとうさんと一緒にいたのが十一年だものね。後のほうが四倍も長いだもの」と笑った。

不安だったのか、その後、問わず語りに長く病状の話をした。最近、指輪が知らぬ間に抜け落ちるほどやせたと嘆いた。「もう三十キロないですよ」と。

それから三カ月。その年の九月十二日に、すずの訃報が届いた。

その後、「愛吉のバラ」は「愛吉・すずのバラ」と呼称が変わり、反核・平和運動のシンボルとして使われている。

平和にならなければ困る―と話す生前の久保山すずさん＝焼津市浜当目（1992年11月6日撮影）

「家の墓じゃない」

「母の一生はビキニ事件で終わってしまった」と、焼津市内に住む故久保山愛吉（第五福竜丸元無線長）・すず夫妻の長女（57）は言う。「平和運動に引っ張り回されて。自分の意見が全然通らない。だから人前には出ないようになったんです。当時、二十三人の乗組員のうち、父だけが亡くなったことで、わたしたちだけに注目が集まった感があるんですよ。それがずっと尾を引いた。かなり負担がきつかった」

平和運動と報道は相互に影響を及ぼし合う。相互作用は暴力への抵抗力も生みだす半面、運動の行き過ぎも、関連事象の象徴化や美化も起こす。事件の被害者はその渦中で苦しむことが多い。

平和運動にほんろうされたすずは生前、「こういうことはわたし一代でやめてもらいたい」と語った。平和運動が掲げる久保山夫妻の反核メッセージを「遺言」とするなら、これもまた「遺言」なのだ。

「いつまでも平和が続いてもらわないと困りますから戦争は反対します。ただ、久保山愛吉のことを表に出していつまでも引きずってもらっては困るんですよね」と、長女も母の“遺言”と同じ思いを吐露した。

焼津市での3・1ビキニデーには、JR焼津駅から浜当目の弘徳院にある久保山の墓前まで、平和団体が「墓参行進」をする。先頭には久保山の遺影が常に掲げられてきた。長女らはそれに耐えてきた。元漁労長の見崎吉男が代わりに抗議したこともあるが、主催者側は「象徴だから」と取り合わなかった、という。

「父の写真はやめてほしい

ですよ。個人個人でお墓参りをしてくれるのは構いませんけれど、いつまでも大勢の人が団体で来ていただくのも好ましくない」

さらに、命日にも墓参行進がある。だから、長女は命日の墓参りを避けて、別の日に供養をするようになった。

そうした事情だけではないかもしれないが、すずは生前、「あれは久保山家の墓じゃない」と自分の墓所を他の場所に決め、没後、その通りに葬られた。象徴化された「久保山愛吉」の旧墓は、事実上「記念碑」となった観がある。

「本人は言わなかったけれど、静かにしたいって気持ちもあったんじゃないかな」と、長女は墓まで移した母の気持ちを思いやった。

「歴史は歴史で仕方ないけれど、平和運動の在り方ももう少しほかにあるんじゃないかという気がします。いつまでもマスコミにさらされることはやめにしてほしい」

平和運動の一環として毎年行われる故久保山愛吉元無線長の墓前祭＝２００２年3月1日、焼津市浜当目

●ヒロシマから見たビキニ事件（1）

ヒバクシャ"接点"なく

二〇〇三年夏、広島市主催のジャーナリスト研修ヒロシマ講座に参加して、被爆地を通して見たビキニ事件を取材した。

◇

ビキニ事件は、原水爆禁止運動の原点と言われる。しかし、ヒロシマにおけるビキニ事件の存在感は驚くほど希薄だった。

「市民はビキニ事件を原水禁運動の原点とは知っているでしょうが、それ以上のことはない」

二〇〇三年春まで連続五期二十年広島市議（公明党）を務めた元市議会副議長鶴見和夫（64）は、二十八年間の広島暮らしを振り返る。港に近い同市南区宇品に住む、引佐郡細江町気賀生まれの静岡県人会会長だ。

「平和問題はいろんな角度から市議会で質問してきたが、広島とビキニ事件との接点は考えたことがなかった。過去二十年間、市議の誰一人としてビキニ事件と関連する質問をした人はおらんかったね」

被爆者の高橋昭博（72）＝元広島平和記念資料館長＝はビキニ事件を覚えている。「平時の事件としてショックだった」と。しかし、残念ながら――と続ける。

「私は十五年間、広島市の平和宣言作成に携わってきた。その反省だが、宣言には他の戦災者に対する思いが全く反映しなかった。広島は沖縄を、東京や大阪の大空襲を、平和宣言の中で語っていない。第五福竜丸のことにも思いをはせなければいけなかったが、やっていない。原点だと言いながらね」

なぜなのか――広島市立大広島平和研究所の水本和実助教授（46）は推測する。「ビキニ事件は確かに象徴的だが、被害の点からすれば比べものにならないといううとらえ方を、無意識のうちに広島がしているのではないか。ビキニ事件を機に水爆反対運動が起き、乗組員の救済運動が起きたときも、広島の被爆者は差別に遭いながら社会の片隅で生きていたわけだから」

　舟橋喜恵広島大名誉教授は、広島にはビキニ事件の情報が十分伝わっていない、と考えている。

「実は広島の子供は広島のことはよく学ぶけど長崎のことは知らない。長崎は長崎で反対の影響が出ている。ましてや第五福竜丸のことを共通認識としているかというとそうじゃない。その大きな原因は、ヒバクシャ同士が連帯していないことにあると思う」

　戦争をなくし核兵器をなくすという「ヒロシマの心」について、鶴見さんは率直に語った。

「被爆の実相と平和行事に対する広島内外の意識差はものすごく大きい。私も広島に来るまでは全く知らなかった」

核兵器の恐怖を伝える世界遺産
「原爆ドーム」＝広島市

鶴見和夫 静岡県人会長

若者たちに語り続け

広島市の広島平和記念資料館元館長高橋昭博（72）は、「原爆投下も実験だった」と主張する一人である。そう推測する理由は三つある。

第一に米軍は広島と長崎にそれぞれ異なる型の原爆を落とした。一九四五年八月六日の広島型はウラン235、九日の長崎型はプルトニウム239を核分裂物質とした核兵器だった。第二に工業地域と住宅密集地を標的にした。第三に焼夷弾による空襲を米軍が意図的に避けてきた都市を標的にした。「原爆の威力を知りたかったからだ」

高橋は爆心地の北西一・四キロの中学校庭で被爆。「ピカッと光った瞬間、背中、両手両足が焼けただれた」。溶鉱炉以上の超高温の熱線と最大級の台風が巻き起こす風速の五倍を超す爆風が、半径二キロの市街を一瞬で消した。被爆は約三十五万人。急性放射能障害が収まる同年末までに約十四万人が死んだ。医師、看護婦も九割が被爆、七割が死に、医療は無に等しかった。

「被災後二カ月で戦時災害保護法は打ち切られ、最も支援の必要な時期に行政的な援助もなく病死や餓死が続いた。原爆医療法が成立するまでの十二年間、被爆者は放置された。戦後五年の間に被爆者の約半数近くが死んでいった」（舟橋喜恵広島大名誉教授）。占領下、この悲惨な実態は情報統制のために広く知られることはなかった。

被爆十年目の一九五五年、前年のビキニ事件を機に国民運動化した原水禁運動を背景に、初の原水爆禁止世界大会が広島で開かれた。故久保山愛吉第五福竜丸無線長の妻すず（故人）と長崎の被爆者とともに、高橋は大会で核兵器廃絶を訴えた。「すずさんは大変素朴な人という印象だった」。ヒロシマ、ナガサキ、ビキニはこの時、連帯していた。

　被爆から二十六年後の七一年、高橋は慢性肝炎を発症。被ばくの後障害だった。「凄惨な体験を語っても、非体験者にはわかりっこない」。長年そう思ってきた高橋はこの年、広島にかかわりを持った俳優山本亘の一言に打たれた。

「被爆者を理解しようと懸命にやってきた若者は、どうしたらいいんですか」

以来三十余年、被爆体験証言者として語り続けている。証言回数は約三千回、聴衆はおよそ三十万人を超えた。

　高橋は証言を聞いた五十人余りと交流を続けている。

「ビキニの被災者の方たちもぜひ証言をしてほしい。語れば必ず反応が返ってくる。反応する若者たちがいますから」

全国から送られてくる年間約１千万羽の折り鶴の一部＝広島市中区の旧日本銀行広島支店

高橋昭博
広島平和記念資料館元館長

軽んじられた証言

　さわやかな南洋特有の微風、鏡のような海、銀色の航跡、満天の星。天測するさそり座の首星も東南の空に大きく赤く輝いていた――。

　第五福竜丸元漁労長の見崎吉男は、アメリカの水爆実験に遭遇した日のことを今でも鮮明に思い出すことができる。

　――天測を終えた瞬間、水平線から上がった幅広い光がサアッと空を覆った。一瞬、福竜丸は強烈な光に包まれた。光がひくと、西南西の水平線上のこぶし一つ上に日の出の倍近い赤茶色の光があった。

　四十九年間、消すことのできない記憶だ。

　日本漁業は当時、戦後の漁場規制から解放されつつあった。遠洋マグロ漁は「沖合へ、遠洋へ」という国の奨励策に乗って活況を呈し、漁船は新漁場の開拓を競った。当時二十八歳、新進の漁労長だった見崎も意気盛んだった。

　目的の漁場は、いつも出航前に他船や市場の動向などを調査し、船主と相談して決めた。機関長、無線長ら幹部だけがその行く先を知っているのが通例だった。第五福竜丸は当初、船主が期待した東方漁場のミッドウェー海域に向かった。

　それがマーシャル諸島ビキニ環礁近海になったのは、ミッドウェー海域で延縄の三分の二を失う切断事故に遭ったからだ。残りの延縄では商売にならない。機関長、無線長と相談して、安定した南の漁場で必要経費分の漁獲を上げながら、同諸島海域に入り、漁場開拓のための調査操業をすることにした。被災はそこで起こった。

　帰港後、米軍が告示したとされる核実験危険区域と第五福竜丸の位置が問題になった。

一九五四年三月十九日の参院予算委の議事録を見ると、政府委員は見崎の天測を克明に追試した結果、「非常に技術は優秀…相当信頼していい」と答弁している。その結果、福竜丸は遭難時、危険区域外にいたことが立証されている。

その天測時を起点にした一連の記憶だけに、見崎には被災の始まりについて譲れない思いがある。

「日本時間で午前三時五十分、天測が終わったところで位置も時間も正確。何秒も違わないうちに光がはい上がってきた」

それなのに、政府の最終確認は「午前四時十二分」。多くの意見を集約したのかもしれないが、その差は大きい。早朝の天測は日の出前の薄明時に行うから、現地では日の出前と後ほどの開きになる。

さらに、揚げ縄を開始した時間、揚げ縄に要した時間が大きく異なっていた。

見崎は当時、政府から被災状況を聴かれ、参考書類も提出している。しかし、漁船の全権を持つ漁労長としての証言は、船長並みかそれ以下に扱われた観がある。

東海運輸局の海難報告書も報告者を船長の署名押印とし、船主、船長、機関長の氏名、住所を列記しているが、漁労長の名前はどこにもなかった。

被災後、文部省の買い上げが決まり、焼津港に係留される第五福竜丸の貴重なカラー写真(焼津市三ケ名の鎌田茂さん提供。写真が趣味だった亡父行雄さんが1954年7月25日午後3時半に撮影)半世紀ぶりに公にされた。

政府資料に不信感

「船が北を向いてるな。こりゃおかしいな」

水爆の閃光に遭遇したときに乗組員が船内のどこにいたかを示す見取り図を見て、第五福竜丸元漁労長の見崎吉男は首をかしげた。

ビキニ事件の基本的文献として知られる「ビキニ水爆被災資料集」（第五福竜丸平和協会編、一九七六年刊）などに収録されている資料のことである。見崎がこの政府作成の見取り図を子細に見るのは初めてだった。

見崎は四十九年前の帰港三日目（三月十七日）に、海上保安庁に提出するため、似たような見取り図を調理長＝当時（37）故人＝と相談しながら描いた。その写しが自宅に保管してあった。

船首は西。船室内、外、物陰に分けた記号で乗組員全員の位置を船の略図に記してある。外にいたのは見崎だけ。

「船は海流に乗るような格好でビキニ方向（西）を向いていた」

ところが、政府作成の見取り図は船首が北。船の向きが九〇度違う。乗組員の位置もやや異なり、船室外にいた者は四人。左舷の矢印が水爆のせん光を真西から受けたことを示している。

この政府作成の見取り図は後に広く利用され、文章化された形跡がある。例えば、アメリカの物理学者ラルフ・E・ラップの有名な著書「福竜丸」（一九五八年刊）も、遭難時のある甲板員＝当時（28）故人＝をこの見取り図と同じ認識で描写している。

同書では、この甲板員は船尾甲板上で閃光と同時に「火の柱」を見たことになっている。しかし、見崎は見取り図作成時に、調理長から同じ船室にいたと聞いた。

船首が西向きなら、操舵室や船室を背にした船尾の甲板員は、背後の船首方向から来る閃光の始まりを見ることは難しくなる。見崎の記憶に「火柱」はない。証言は全く異なっている。

重要な文献のこうした記述の影響に見崎は苦しんできた。特に同書は、よく参照される古典だ。そこにはまた、「かなり酒に酔って」「ふらふらと危ぶなっかしい足取り」（原文のまま）で「最後に乗船した」という漁労長（見崎）の様子や、「初めて指揮をとるので少し照れくさそう」という船長（筒井）の描写などがある。

見崎は当時、出航、作業前の飲酒、船内のとばく行為などを禁ずる規律を船内に張り出すほど厳格な面もあった。

「出港間際に酒に酔って一番最後に乗船したことはない。出港や入港の指揮をとるのは甲板長だ。漁師ってこんなもんだって思い込んでるから、そういう文章になったんでしょうね」

核戦争を批判する良書として世界中の人が読んだ同書。見崎は悔しそうだった。

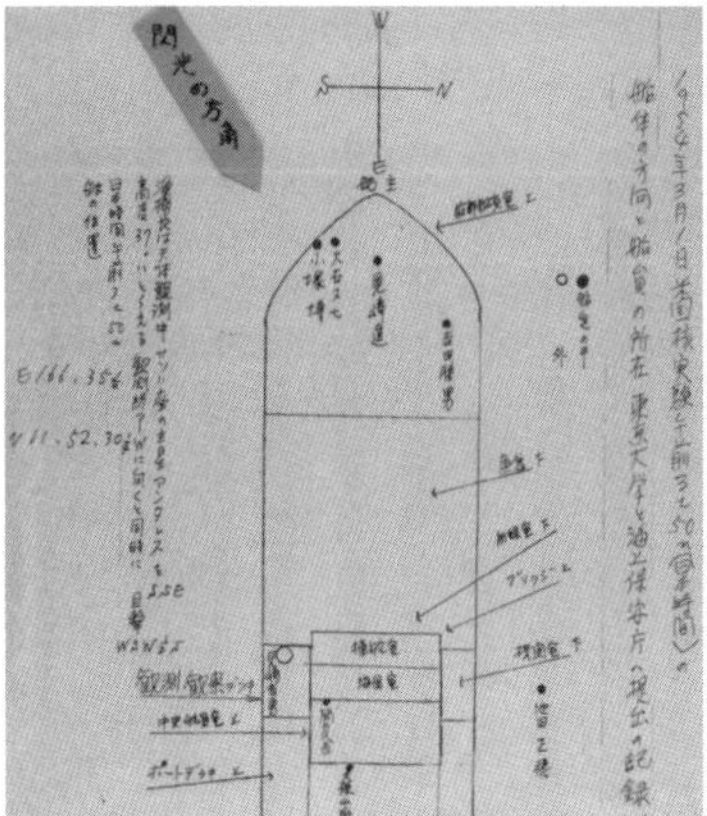

見崎漁労長が海上保安庁に提出した水爆目撃時の乗組員船内位置図（閃光の方角を便宜上矢印で示し、一部氏名を伏せました）

日誌が”一人歩き“

　第五福竜丸には水爆実験に遭遇したときの航海を記録する四種類の日誌（当直・航海・天測・漁労）があった。当直日誌、航海日誌、天測日誌は東京都江東区夢の島の都立第五福竜丸展示館に残っている。しかし、航海日誌は、水爆に遭遇する前の航海の途中までを記録した分冊が残るだけで、事件当時の航海記録を含む分冊は、行方不明のままだ。

　元漁労長の見崎吉男（77）は、日誌類は事件当時に危険物として国が没収したはずであり、公開によって事実と異なる記述が一人歩きしかねない—と公表に異議を唱える。

　当直日誌は当時、当直者（交代制）が書いたことになっている。しかし、そこに記載された被災時の風力が奇妙だ。

「午前七時、八時は風力2だ、3だって書いてあるが、5、6、7という数字になっていかなきゃおかしい。かなりの低気圧で海は荒れた。波が船にドーンと当たってしぶきが入る。風が横殴りで灰がちくちく顔に当たる。台風状態だよね」

　日誌記載の風力を気象庁風力階級表（ビューフォート風力階級表）と対照すると、午前六時に風力2（波頭がたたず滑らかな海面）、七—八時が3（所々に小さな白波）、九—十時が4（小さな白波がかなり多い）—となる。横殴りの降灰だったという大方の乗組員の話とも明らかに食い違う。

「灰多数の落下を見る五時間に至る…只《ただ》ちに揚縄を開始」（原文のまま）という日誌記事欄の事実経過も違っている。見崎はこのことに早くから気付いていた。

「誰かがあとでまとめて書いたものかもしれない」とも思う。しかし、事の重大性が明らかになったあとでは、かえって当時の記述を修正しないほうがいいだろうとそのまま放置してきた。今は「それが災いした」と考えている。

一方、漁労日誌は見崎が書いたはずだが、日誌には穏やかな天候、通常の操業を思わせる表記が多く、「投縄終了ト揚縄開始ト同ジ」など見崎自身が「ありえない」と断言する表現も含まれる。唯一「警戒シツツ帰航」という表現に危機感が露呈している。

「心配事があまりに大きく精神状態が不安定だもんでね。とにかく船内を安心させたい、事態を軽く見てりゃ安心するだろう、という配慮が大きく働いた」

新兵器を実験した米軍の厳戒下で見てはならないものを見た―と判断した見崎の動揺が伝わる資料なのである。

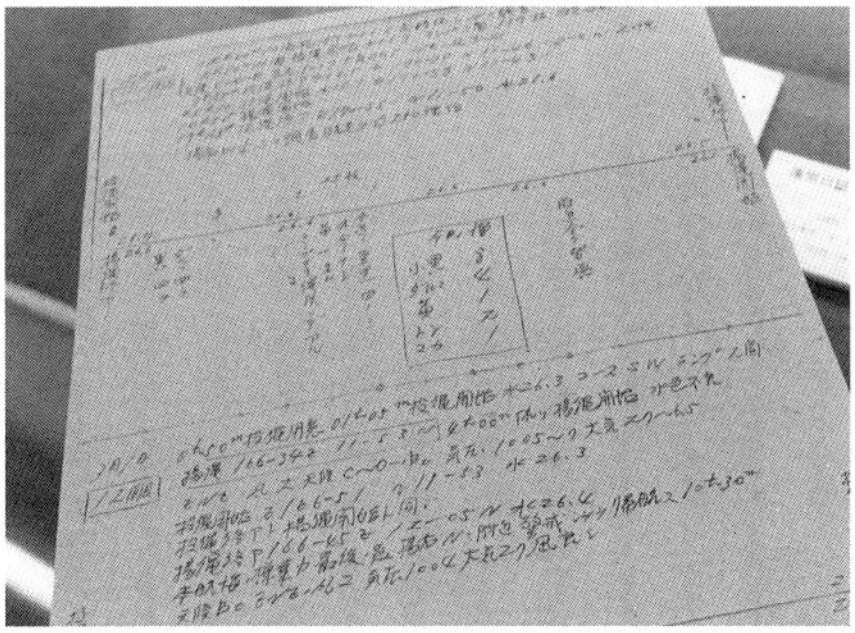

奇妙な記載記録が残る当時の漁労日誌（写し）＝東京・夢の島の都立第五福竜丸展示館

「それにしてもどうして日誌類が残っているのだろう。航海計器、三角定規、時計は海上保安庁、靴やシャツ類は東京大学へと、船に積んでいた物は全部持ってった。放射能が含まれている危険物だから、研究が終わったらみんな処分しちゃうはずだっけのにね」

事実と異なる年譜

「犯罪者が市中引き回されて、いつまでもさらし首にあってるようなもんだなあ」

昨春、焼津市歴史民俗資料館にある「第五福竜丸事件」展示場に久々に足を踏み入れた元漁労長見崎吉男は、事件年譜のパネルを見てつぶやいた。

見崎は十年ほど前からこの年譜の修正を求め続けている。「見崎さん、いっぺん見た方がええよ」という元乗組員の忠告がきっかけだった。彼もまた実体験との違和感を感じていたのだ。

年譜パネルは焼津市発行の「第五福竜丸事件」（一九七六年刊）に基づいている。同書は事件後二十年をへた七四年、放置されていた事件関連資料約四千点が見つかったのを機に編集された。

この時はまだ、無線長を除く元乗組員全員が生存していた時期だが、当事者への再取材は十分に行われなかったという。見崎も編集委員に名を連ねるものの、再取材はなく、回想記を寄せただけで終わった。同書は豊富な資料を掲載した貴重な文献だ。しかし、年譜はラルフ・E・ラップ著「福竜丸」ほかの書籍や新聞、雑誌など既存の文献類を基に再構成したとみられる。

見崎が主に修正を求めているのは、一九五四年一月二十二日の出港から帰港後の三月十五日までの記述。修正要求は二十件近い。

まず、出港時の「エンジンの部品を忘れたため、小川港に入港」「浅瀬に乗り上げた」という他書からの引用とみられる記述について、見崎の反論はおおむねこうだ。

部品とは予備のエンジ

ン・ノズルのことだが、元機関長は「忘れたわけじゃない」と話していた。「きちょうめんでしっかり者」の機関長は見崎の右腕。その機関長に、少し部品が気になるから焼津港に隣接する小川港に着けてくれと頼まれて入港した。港は熟知している。甲板長が水深を測って停泊。出港時は氷などを満載した船の喫水が深く、引き潮までに機関長が戻らなければ、再び満ち潮を待たねばならない状況だったという。

三月一日の「午前四時過ぎ…火柱…を目撃。ただちに揚縄（あげなわ）を始める」という記述も、明らかに見崎の証言と異なる。「乗組員に身体の異常が現れ出したため、船長は…帰港を命じ」とあるが「帰港」を命じたのは見崎自身。それに「身体の異常」が現れたのは帰港途上だ。

十四日の「外科医大井俊亮は原爆症と診断」も、見崎の証言だけでなく医師自身が「原爆症？」と疑問符付きで紹介状に書いたことからも明らかな間違いとわかる。

このパネルが、同資料館開設以来十八年間も掲出されてきた。

第五福竜丸の航海を紹介するパネル文書の修正を求める見崎さん＝2002年3月20日、焼津市歴史民俗資料館

かなわぬ修正要求

「人が心の中に思い込んでいる姿を変えることは至難のわざである。不完全燃焼に終わった男たちの青春の最悪の足跡が資料館にある。…漁士像への偏見、べっ視の先入観。…れっきとした証人がいるのに昔の歴史にしてしまうには早すぎる」

「イメージの修正と名誉のばん回」と題して、第五福竜丸の元漁労長見崎吉男が九四年、焼津市に送った文章の一節（原文のまま）である。

同市歴史民俗資料館が「第五福竜丸事件」展示場に掲げる事件年譜の修正を求めて、見崎は九二年四月、事件記録の一部を同館に提出し、六月には館長に手紙を書いた。

焼津市は翌年三月、見崎に修正案を出すことを勧め、見崎は七月に依頼の手紙や資料を、九四年四月には「修正文の素案」や意見書を出した。

見崎は提出書類の中で切々と訴えた。

「事件に関係するものを残されることは個人的には随分とつらいことがあります。見崎吉男の犯罪が列記され陳列され、その力量・資質・責任が問われているわけです。…市民の寛容さに救われてきましたが…無罪放免などとは全く考えてきません。執行を猶予されているものと考えてきました」（原文のまま）

事件は本来、アメリカが責められることであって、見崎が罪の意識を感じる筋合いはない。しかし、見崎は事件によって遠洋漁業が打撃を受け、「漁士」の誤ったイメージが社会に広まることを恐れてきた。

問題の年譜は焼津市が発行した資料集「第五福竜丸

事件」（一九七六年刊）に基づいている。パネルよりさらに表現が細かい資料集の年譜は、もっと修正個所が多いはずだ。

「遠洋漁船と航海中の『漁士』の本当の姿を知っている人はごくわずかだよね。漁師の証言は大したことないと軽く見られてね。あの話はこうだったっけっていう訂正はいくらでもあると思う」

後世に残る文献、展示物だからこそ、妥協はできないと見崎は思う。しかし、市側は「資料集の発行で事件は完結した」としてきた。最終的には数年前、市の幹部が見崎を訪ね、編集者の名誉もあるし、この辺で矛を収めてほしい——と「引導」を渡しにきた。

「編集者や乗組員のためにだけ本を残すわけじゃない。事件は一つの歴史になっていく」

事実を知るのは自分なのに——と見崎は思ったが、以来、市は修正要求に耳を貸すそぶりもなく、話し合いは宙に浮いたままだ。

事実を一番知るのは自分…と語る元漁労長の見崎さん＝2002年3月20日、焼津市歴史民俗資料館

意を決し公の場へ

「北朝鮮に狙われるのは自業自得」――一瞬耳を疑うような過激な表現でビキニ事件に対して日本政府の取った態度を批判する。「政府はアメリカの核実験に協力すると言った。あの時に核実験反対とはっきり意思表示していれば、また違った道が開けていたはず」

第五福竜丸の元冷凍士大石又七は二〇〇三年の3・1ビキニデー前日の二月二十八日、静岡市内で三つの講演をこなした。

東京都大田区。東急池上線の小さな駅に降りた。〇二年二月下旬の昼下がり。駅舎に軒を接するような下町の商店街を抜け、神社前の旧参道をしばらく行くと、電話で聞いた通りの店があった。大石が夫婦で営むクリーニング店だ。近くマーシャル諸島に行くと聞いて訪ねた。

吉田町出身。戦後、義兄を頼って焼津のカツオ船に五年間乗り、初の遠洋マグロ延縄漁船「第五福竜丸」に移った。こうした生い立ちや被災者としての体験は、自著「死の灰を背負って―私の人生を変えた第五福竜丸」（一九九一年、新潮社）に詳しい。

事件翌年の五五年冬、二十一歳で東京へ出た。

「最初は隠れたい一心、ヒバクシャって言われたくない一心でいましたね。それに、災いを持ち込んでみんなを苦しめたのに、おまえたちはお金をもらって元気でいるじゃないか―そういう見方が地元ほど強かった。病気の怖さと周りの目の怖さなどを、二重三重に背負ってたわけですよ」

それが古里を離れた主な理由だった。

「自分の被ばくを隠したい気持ちが非常に強く、東京に来て十五年くらいは自分からは一切話さなかったですよね」

ところが、一九六八年、東京水産大学の練習船だった第五福竜丸が廃船処分で東京・夢の島にごみとして放置されていたことが分かり、船体保存運動が起きた。

「嫌だなあと思いましたよね。また、事件のことが掘り返される。自分の過去を知られる可能性が出てくる」

そう恐れる一方で、アメリカや日本の政府による事件処理への不満が心の中に育っていることにも気付いていた。そんな思いがあふれたのは八三年夏。NHK国際放送「ラジオ日本」に核軍縮の訴えを投書して放送された。

公の活動はこのころから。学校や都立第五福竜丸展示館での講演を重ね、第五福竜丸の模型を作っては寄贈し、テレビ番組にも出演した。反核のマグロ塚建立などの募金運動も手掛けた。マーシャル諸島訪問も元乗組員では初めてのことだ。

「同じ実験で被災している人がいる。共通した当事者の悩みがあるんじゃないかな。一度は行ってみたいと思っていた。昨年（〇二年）暮れ、原水協（原水爆禁止日本協議会）から参加要請があって、せっかくの機会だから」

事件関係者の多くが寡黙な中で大石だけは果敢に行動する。マスコミへの登場もいとわず、積極さが際立っている。

「大事な子供が奇形児で死産したり、その後、仲間が一人ずつ死んでいったりして、不満が大きくなっていったんですよ、時間を追ってね」

3·1ビキニデーに合わせ講演を行う大石又七さん＝2003年2月28日、静岡市御幸町のサールナートホール

誰かが言わなきゃ

「現時点でも嫌なことをしゃべりたくない、知られたくない。家族にとってもいい影響はひとつもないんであってね。だけども、そうも言ってられない。事件の重みが分かってきたわけですよ。事件処理の仕方がひどいとか、仲間が苦しんでいるんだってことを知ってほしい。誰かが言わなきゃ、何もなかったようになってしまう」

第五福竜丸元冷凍士の大石又七は、そう一気に話して食卓のお茶に手を付けた。この部屋から作業場をへて店頭が見える。ぎっしりつるした洗濯物を背に、妻が忙しそうに立ち働いている。

「事件が忘れ去られるのは、政治の力でふたをされていることが大きい。アメリカに責任があるのに、日本政府が賠償要求を放棄してアメリカの言いなりになって、この事件をおしまいにしてしまったわけでしょ。それも見舞金でアメリカの加害を認めない決着をしている。それが一番元にあるわけですよ。自分たちの事件はそこで終わってるんじゃなくて、そこから始まっているんですよね、ヒバクシャなんだから」

大石はC型肝炎や肝がんの発症など自分の病気を公にし、手術跡もテレビカメラの前にさらす。

「半分近い仲間がこの同じ病気で発病して死んでるっていう現実があるわけでしょ。事件は決着済みにされているから、病気が出てもそれはもう事件に関係した病気ではないって、日本政府の態度は一貫してる」

眼鏡越しのひとみに怒りが宿っていた。

「みんなが間違った目でこ

の事件を認識し、処理しているが、わたしにとってはそれでは困る。ビキニ事件に関心がある人は知ってほしい。事件の本当の内容はこういうことなんですよって事実を知ってください、そういう思いでわたしはしゃべってる」

台所に立った妻が、記者の声に耳を傾けながら、話し方に静岡らしさがあると懐かしそうに笑った。そういえば、大石の語り口調に古里の方言はあまり感じられない。もう東京暮らしが四十七年を超えたからか。

「元気でいる人は隠したい。知られてなんの得もないからね。しかし、発病した人は助けてもらわなきゃ。責任取ってくれってことも言いたいし。全員ヒバクシャで同じと思うかも知れないけれど、そうじゃない複雑さがあるんですよ」

いろんな仲間の意見を意識しつつ自分の意見を主張せずにいられない。この事件のもたらす複雑さがとても辛いと、厳しい表情を見せた。

クリーニング店を営む大石さん夫妻＝2002年4月3日、東京都大田区

仲間、家族のため

　一九九八年九月、相良町在住で当時六十七歳の元第五福竜丸甲板員小塚博が、慢性C型肝炎の再発は被ばく治療時の輸血が原因―として船員保険の再適用を静岡県に申請した。

　県は小塚が五七年に遠洋漁船に就業したことを「社会通念上の治癒」とし、肝炎は「新たな疾病」として再適用を承認しなかった。県社会保険審査官への審査請求も棄却された小塚側は、厚生省の社会保険審査会に再審査を請求した。

　元冷凍士大石又七は体調を崩した小塚の代理を務めた。大石も被災時に同じ治療を受け、九二年にC型肝炎が判明、翌年に肝臓がんの手術を受けていた。

「資料を全部そろえて出したんですよ。被ばくしてからの経緯、子供の死産、がんをやったときの領収書から何から、全部とって置いたから」

　国の審査会は二〇〇〇年八月、「肝炎は被ばく時の疾病と相当の因果関係がある」と県の処分を取り消し、船員保険の再適用を認めた。

「新しく起こっていることに対し、船員保険も考えなきゃならないという国の解釈ですよね。静岡県は良心がなかったわけですよ」

　複数の船員に因果関係が認められれば流れができる―と、大石も十月、東京都を通じて静岡社会保険事務局に船員保険の再適用を申請した。今度は一カ月ですんなり認められた。

「わたしの場合、東京都の難病指定で医療費は助けられていた。わたしとしては、東京都が病気をつくったわけじゃないから、都に負担を掛けたくないわけなんですよ。病気をつくったのはアメリカなのに日本政府がその責任を問わず、政府間で政治決着しているんだから、責任は日本側にある。加害者と被害者ははっきりしている。当たり前の形で処理してほしい」

船員保険再適用の結果、肝炎の治療費は東京都に代わり国が負担することになった。大石にとっては「被ばくとの関係を国が認める」ことが何より重要だった。

「もし国が責任を認めるんだったら、先になくなった十一人だってC型肝炎にかかっていたのかどうか、調べる責任が出てくるわけです」

それだって未解決の問題でしょ―感情が高ぶったのか、畳み掛けるような早口になっていた。

「仲間のため、名誉のため、あるいは家族のために当然やらなきゃならないと思ってるんです」

大石はすべての思いを込めた本格的な著書「ビキニ事件の真実―いのちの岐路で」を出版する準備を進めていた。

※「ビキニ事件の真実―いのちの岐路で」(みすず書房)は2003年7月に出版された。

病気をつくったのはアメリカなのに―と語る大石さん＝2002年4月3日、東京都大田区の自宅

「決着済み」に反発

第五福竜丸の元冷凍士大石又七は一九八三年、目の不自由な中学生のために木っ端の寄せ木で第五福竜丸の縮尺模型を初めて作った。以来、都立第五福竜丸展示館をはじめ広島、長崎などにも贈っている。七隻目が自宅の二階にあった。三十分の一のスケールで全長一メートル十センチ。船べりのくいやボンデン、カケヤまで付いた精巧な模型だ。

カケヤは大きな木づち。「揚がったサメをこいつで殴る。サメに食い散らされたマグロの目玉を、みそ汁の具にしてよく食べた」。畳の上の模型を眺めつつ思い出話が弾む。

しかし、母港の焼津に話が及ぶと、軽い口調は影を潜めた。

憶測だけれど、焼津はすごい保守的な土地柄でしょ、と大石は前置きして言った。

「3・1ビキニデーは人道的な趣旨を持ってますけど、参加する人たちがほとんど革新系なんですよ」

だから、焼津市には原水協（原水爆禁止日本協議会）系の「3・1ビキニデー」（3・1ビキニデー県実行委員会、原水爆禁止世界大会実行委員会共催）のほかに、市主催の「6・30市民集会」がある。八五年、市が政党・団体の主導を嫌ってつくった市民の反核平和集会だ。乗組員への補償の配分方法を決めた六月三十日を事件決着の日として、やむなく開催日に選んだ経緯があるが、過去の集会にはほとんどの元乗組員が参加してきた。

大石も初回に参加したが、主張に違和感を感じたために、それ以後、参加したことはない。

「わたしは事件は終わって

いないという考え方に立っているから、決着済みを記念した6・30ってのは賛成できない。ヒバクシャの場合は片付く問題じゃない。ずっと後まで残っていく問題だから。焼津市の市民集会はわたしたちのことじゃなくて、過去の事件を考えるような集いにするところに、主眼があるように見えるんですよね。全部決着済みっていうのが、ヒバクシャ側から見れば、納得できる話じゃないわけですよね」

　だから、焼津市から届く市民集会への招待状の内容も奇妙に映る。

「乗組員がいないと格好が付かない、当事者に出席してもらわないと面目が立たないから、という誘いの文書なんです」

　元乗組員の物故者が七、八人になった九〇年ごろ、大石は「被災の現実を知らせるような集会をやってほしい」と焼津市に手紙を出したことがある。返事はなかった。

「3・1ビキニデーのような形だったらずっと出ますよ。核兵器の廃絶とヒバクシャの援護が掲げられていますからね。それはわたしたちに合致するわけですよ」

手作りした第五福竜丸の模型を前に語る大石さん＝2002年4月3日、東京都大田区の自宅

初めて被災の地に

「ほんとに真っ青な海が目の前にありましたよ。あの島は完全に黒潮の中に入ってますからね。海の色を見せたいな。ロンゲラップ、見ますか」

第五福竜丸元冷凍士の大石又七は二〇〇二年二月、原水爆禁止日本協議会（原水協）の招きでマーシャル連帯代表団に同行し、熱帯のマーシャル諸島共和国を初めて訪れた。見聞を聞きたくて、そのひと月後に自宅を再び訪ねた。

大石はＶＴＲで自ら撮った十時間以上の映像から美しい海を探した。ロンゲラップ環礁は第五福竜丸の被災位置に最も近い島だ。日帰りのわずかな滞在だったようだが、確かに目に焼き付くような群青の海が映像に残されていた。

同環礁と隣のウトリック環礁では、半世紀前、住民二百四十人余りが第五福竜丸とともに放射性降下物を浴びて被ばくしている。映像には被ばく後十九歳で死んだ島民の墓もあった。

大石は三月初旬、ビキニ環礁から南東約八百キロの環礁にある首都マジュロとキリ島で同国大統領も出席した「核被害者デー」に参加。「一人ひとりが放射能や戦争に巻き込まれないようお互いに頑張っていきましょう」とあいさつをした。

大石は滞在中、事件当時の航海で印象に残った満天の星空と被災した時間帯を体験したかった。ある明け方、浜辺に出た。意外にも空は既に明るく、朝焼けが始まろうとしていた。西のビキニの方角に当時はなかった月も出ている。こみ上げてくる思いがあった。

「四十八年もたっているのに、被害を受けた海を眺めることができる幸せを感じますよね。生きていてよかったなあと。半分の仲間が死んでるっていうのがいつも頭から離れませんからね。振り返りましたよね。あいつも死んじゃった、こいつも死んじゃったってことを思って、自分が幸せだなって感じましたよね」

被災当時、退院後十年がヤマ——という医師の忠告もあった。

「当時は医者だって本人だって先のことは全く分からない。普通より命は短いとだれもが考えていたと思うんですよ。途中からは、なるようにしかなんないという、あきらめのような思いがありましたけどね。死にかけたりもしながら、ずっと生きてきて、曲がりなりにも命がつながっている」

太陽が水平線に昇るまで浜辺にたたずんで思いをめぐらした、という。

「おれにとって、ビキニ事件って何だったんだろうってね…」

視線を外した目に、ぐっとこらえた涙がにじんでいた。

被災した現場に近いマーシャル諸島を訪れた時の映像を見る大石さん＝2002年4月3日、東京都大田区の自宅

船員保険の「勝利」

原水爆禁止世界大会実行委員会と3・1ビキニデー県実行委員会が二〇〇二年春、焼津市文化センターで共催した「被災四十七周年2002年3・1ビキニデー集会」の壇上に、榛原郡相良町在住の第五福竜丸元甲板員小塚博の姿があった。翌年もまた、出席を期待されたが、体調を崩して参加できなかった。

小塚はかつて政治絡みの原水禁運動を敬遠していたが、一九九九年に初めてビキニデー集会に参加している。

小塚はこのとき、慢性C型肝炎の発症は被ばく治療時の輸血が原因として、治療に一般の労災に当たる船員保険（職務上療養給付）の再適用を求めていた。陰で全日本民主医療機関連合会（民医連）の医師や自由法曹団の弁護士らが支えた。再適用の申請は九八年九月、まず県に対して行ったが承認されず、静岡社会保険審査官に対する審査請求を準備していた。

その後、審査請求は棄却されたため、小塚側は九九年七月に厚生省の社会保険審査会に再審査を請求。翌年八月、一転して再適用が認められた。県平和委員会などで組織した「小塚博さんを支援する会」が、平和運動の課題として一万人を超す署名を集めて全面的にバックアップしていた。

国の公開審理の際、小塚は体調を崩して欠席したが、相互に信頼していた元冷凍士大石又七に代理を任せた。裁決後、入院先で大石から「勝ったよ」と聞いた。

船員保険の再適用は元乗組員として初。小塚は申請時から五年さかのぼった時点から、肝炎治療費の自己負担を免れることになった。支援組織はビキニ被災者に対する被爆者援護法の適用が改めて問題提起できる「勝利」としてたたえた。

壇上来賓席の小塚は時折、苦しそうな表情で天井を仰いでいた。近年、入退院を繰り返す病気をし、二〇〇〇年春から一年間、寝たきりの生活を続けた。この日も車イスを使うほど体調は思わしくなかったが、求めにこたえてあいさつをした。

「久保山(愛吉元無線長)さんと、代われるものなら代わってあげたいと思いました」

ぽつりぽつりと事件を回顧し、事件後再び遠洋漁船に乗ったものの、C型肝炎や急性肺炎を患うなど病気を繰り返したことを短く淡々と語った。核兵器禁止を世界に要求しましょう——と静かに言った締めの言葉が拍手を呼んだ。

会場には元乗組員として初めてマーシャル諸島を訪問した大石からメッセージが届いた。大スクリーンに大石の写真が映し出され、同じ核実験で被ばくした島民の窮状を語る国際電話の声がホールに響いた。

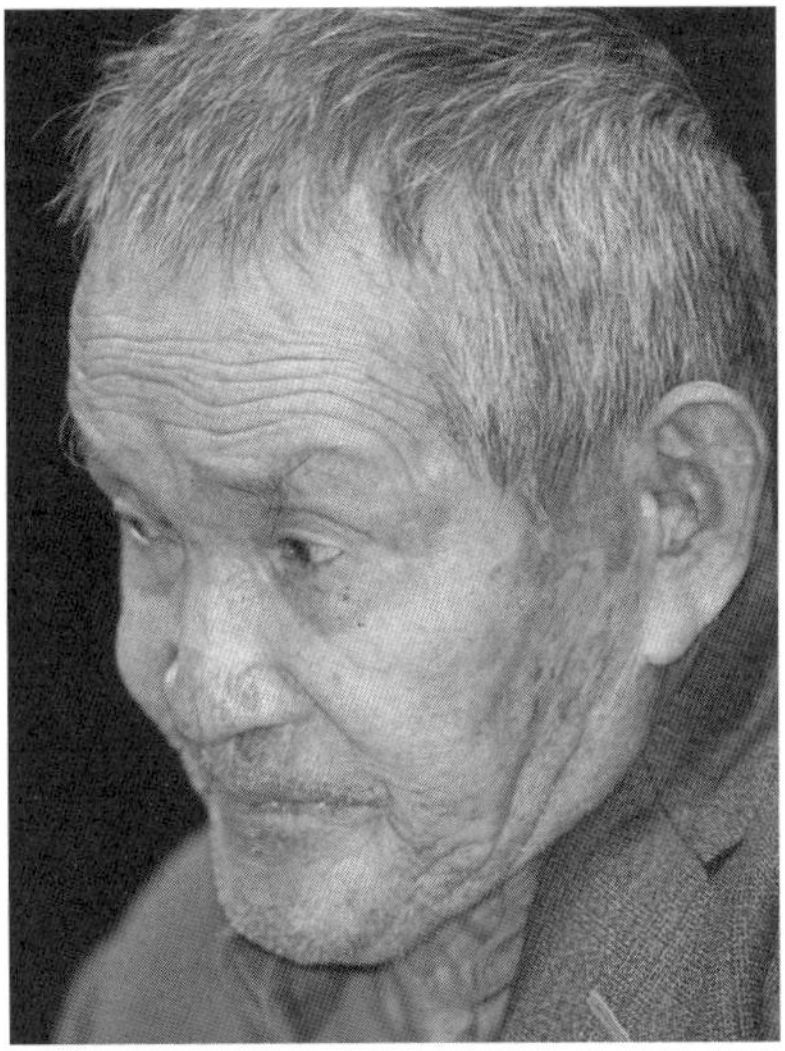
3·1ビキニデー集会に病気を押して参加し、あいさつする小塚さん＝2002年3月1日、焼津市文化センター

●ヒロシマから見たビキニ事件（3）

新たな市民運動模索

二〇〇三年八月初旬、広島市では二つの「原水爆禁止世界大会」が開かれた。一つは原水禁国民会議系、もう一つは日本原水協系の主催。原水禁運動の分裂が固定化している姿だ。被爆者の組織にも二つの「広島県原水爆被害者団体協議会（被団協）」がある。いずれも平和運動の“素人”が戸惑う状況が続いている。

もともとビキニ事件を機に起きた反核平和運動は、無党派の広範な国民的署名運動だった。海外六億七千万人、国内三千百万人の署名は、一九五五年に広島で初の原水爆禁止世界大会を開く原動力になった。ところが、東西対立の世界情勢を背景に政党間の対立がやがて表面化し、一九六〇年代に当時の自民・民社党系が離脱、社会党系も離れて原水禁を結成、日本原水協は分裂した。

「そこにはまさに社会党系、共産党系が政府と対決するための問題提起があり、運動を通して与党自民党を追い込み、日米軍事同盟化にくさびを打ち込む狙いだったと思う。政党の労働運動に依存する形の平和運動だったからイデオロギーの影響をもろに受けた。その対立が表面化した途端に無党派の市民は冷めていった」と、広島市立大広島平和研究所の水本和実助教授（46）はみる。

その流れをくむ静岡県内のビキニデー行事も分裂したままだ。地元市民が冷めた行事に、主催者の依頼で出席する一部の第五福竜丸元乗組員は、世間の偏見に苦しんできた。

原水禁運動分裂の主因は、社会主義国旧ソ連の核実験が是か非か、という議論だった。

「忘れもしませんよ。共産党系の国会議員候補が、ソ連の核実験の死の灰は甘んじて受ける、と言うんですから。いかなる核実験にも反対、というのが本来ヒバクシャの気持ちですよ。とても容認できない。それで被団協も分裂し、共産党系が別れていったんですから。その対立がいまだに根深く残っている」

広島平和記念資料館の元館長で被爆者の高橋昭博は、穏やかな口調ながら、そう一気に話した。

分裂は広島、長崎、ビキニの分断にも影を落としていないか。

「連帯しなきゃならない。私たちがやらなきゃいけないんだろうが、もうエネルギーがない。証言するのが精いっぱいですから…」

七月末、同県内では約四百人の高齢被爆者が所属団体の枠を超え、核兵器廃絶を訴える「ヒバクシャの集い」を開いた。やがて全国に広がる新たな運動の兆しとなるのだろうか。

核兵器廃絶というヒバクシャの願いは一つのはずだが…＝8月6日朝、広島市の平和記念式典会場

水本和実
広島平和研究所助教授

●ヒロシマから見たビキニ事件（4）

反核の人文字、世界へ

イラク戦争開戦前のきな臭い国際情勢の下、反戦と劣化ウラン弾（DU）禁止を求めて約六千人が二〇〇三年三月二日、広島市中区の中央公園で「NO WAR NO DU」の人文字を描いた。政党や団体組織ではなく、一般の若者を含む多彩な人々の参加が注目を浴びた。

「超党派の第一回原水爆禁止世界大会に帰ったような気がしましたよ。こういう運動を構築していけば風化はない」

元広島平和記念資料館長で被爆者の高橋昭博は、人文字に加わって胸を熱くした。

劣化ウランは原子力発電や核兵器製造の過程で生じる廃棄物。極めて固い重金属で砲弾の貫通力を増す素材になる。放射線は低レベルだが、半減期は四十五億年。着弾の衝撃で燃え、飛び散る微粒子を人が吸引すると、重い金属毒性と相まって深刻な被害が生じるという。

人文字メッセージ運動を呼び掛けたのはNODU（劣化ウラン弾禁止）ヒロシマ・プロジェクト。代表は静岡市清水出身で広島市内に住む嘉指《かざし》信雄神戸大教授（50）だ。広島市立大で哲学を教えた縁から核兵器廃絶をめざすヒロシマの会運営委員などを務めてきた。静岡県榛原郡中川根町出身のフォトジャーナリスト豊田直巳さん（47）も協力者の一人だ。

開戦五日後にはニューヨークタイムズ（三月二十四日付）に人文字の航空写真を使った大きな意見広告を出した。呼応するように、米英の主要メディアがDUの警告記事を流した。新たな市民運動の一つの成果だった。

「だが、広島でさえ何万という人が集まる集会にはならなかった」と嘉指教授は考える。日常生活の中に個人的な政治的意見を言い合う土壌がないし、深刻な問題が同時多発する世界で平和運動家も手いっぱいだ―と嘆いた。

「劣化ウラン弾の問題は特定の問題だが、この具体的な問題を追うことで、小型核兵器や他の被ばくの問題を視野に入れて考え直すきっかけになるのではないか」

　嘉指教授もヒロシマを知った後に、ビキニ事件を明確に視野に入れた。

　ビキニ事件では東西冷戦下の米国の核兵器開発実験によって、八百五十隻を超す日本漁船が放射能汚染魚を廃棄、マーシャル諸島住民や観測米兵も被ばくしている。

「ビキニ事件の問題も徹底的に考えることによって世界の問題に開かれていくのではないか。今の世界を少しでも良い方向に変える方法を探す意味でも、被ばくの問題は非常に重要だと思う」

　嘉指教授はそんなメッセージを郷里に送る。

人文字で反戦と劣化ウラン弾禁止を訴えるニューヨークタイムズの意見広告とアピール冊子

嘉指信雄
神戸大教授

「陸」で必死に生きる

二〇〇二年八月、静岡県の大井川港に程近い志太郡大井川町利右衛門。晩夏の明るい陽光が前庭の野菜畑に降り注いでいた。幼い子が「おじいちゃん」と家の裏へ呼びに行った。第五福竜丸の元甲板員吉田勝雄（73）は庭仕事をしていたのか、帽子を脱ぎながら作業着姿で現れた。

さあて、困ったな――と言いつつ、広い玄関の上がりかまちに座る。やがて、重い口を開いた。

「だれも地域で特殊な人間になりたくない。いろんな面でわたしらの仲間は精神的に負担を感じてる。現実に被災してるのでそういう目で見られてもやむをえんことだかも知れないけどね。大方の人は被災によって特殊な状態に置かれてることを、言われたくない気持ちがある。みんなそれぞれ、家庭を守るため、子供を守るため、必死になって努力して生きてきてるわけだから」

比較的気楽に過ごしたほうだ――と自分を振り返る言葉が重く響いた。

「海のことしかわからん人間が陸に上がりゃあ、カッパと同じでしきたりとかわからんものね。生活が一八〇度転換したその時点から、ものすごいストレスがだれにもあっただよね」

半農半漁の家に生まれ、地引き網や塩田を手伝って育った。尋常高等小時代に予科練（海軍飛行予科練習生）に合格、飛行兵を目指した。戦後は塩づくり。二十代の初めに請われて焼津のサバ漁船に乗った。主漁場だった銚子沖の漁が枯れると、長崎を基地にして済州島海域まで漁に出た。一九五二年に韓国が設置した李承晩ラインすれすれの漁で韓国監視船に機銃掃射を受けたこともある。

　サバ漁が盛期を越すと近海カツオ漁船にも乗った。しかし、近海船では思うように収入が上がらない。おらんとこへ来いや―と同級生の第五福竜丸甲板員＝当時（24）故人＝からの誘いを受けた。五四年一月、初の遠洋マグロ漁船に乗り組む。これが被災への航海だった。

「あの事件がなかったらどんな人生を歩んでいたのかなあ」

　わからんけども―と自問自答するように言葉をつないで、庭に視線を投げた。

　体格もよく、しゃんとしているせいか年齢よりも若く見える。昔は見掛け通りに頑健な体だった。しかし、被災を境に体質が明らかに変わった。それでも、農業の傍ら、土木関係の会社に七十一歳まで勤めた。

「わたしにとってみると、やっぱりあれさえなかったらなあ、と思うことのほうが多い。肉体的にはね、相当こたえてるじゃないかなと思う」

　苦境の支えは家族だった。家族のために「大黒柱」になろうと努めて生きた。

　事件は心の中で終わったのだろうか。

「終わったと思う人は一人もいないでしょう」

　吉田はそう答えた。

あの事件さえなかったら―と吉田さんは言う＝2002年8月30日、大井川町利右衛門

取材攻めの結婚式

ビキニ事件は東京でテレビ放送が始まった翌年の一九五四年（昭和二十九年）に起きた。第五福竜丸乗組員の入院する病院には、民放からテレビが贈られ、乗組員は草創期のテレビ番組を病床で見た。

五月中旬の民放の番組で焼津市の女性が、結婚相手に第五福竜丸の乗組員はどうかとインタビューされ、結婚したくないと答えた。

「情けねえな」

乗組員全員、とりわけ独身者は一様にショックを受けた。当時二十四歳の元甲板員吉田勝雄には婚約者がいた。

「広島、東京、焼津を結んだ放送で、焼津の娘さんがはっきりそう言ったのをテレビで見た。そいつが一番心に引っ掛かっただよね」

一時は結婚を迷ったが、婚約者は揺るがず、退院後半年で結婚。事件後最初の慶事として、結婚式場にはマスコミが殺到した。

「当時、結婚が決まっていたのはわたしだけ。マスコミに狙われただよね。第五福竜丸の幹部を除けば一番取材が多かったじゃないかな。取り上げやすいから、追い掛けられて写真を撮られたりなんだかんだ。田舎だけど随分逃げて歩いたもんだよね」

半世紀前のメディアスクラム（集団的過熱取材）――。被災後、一時入院した焼津市内の隔離病舎には、マスコミが病床まで自由に出入りして取材をした。東京行きの列車内で駅弁を食べる乗組員に、何度も撮影用のポーズを要求してトラブルを起こしたこともあった。乗組員はさまざまな場面を記憶している。

吉田の結婚式には報道陣百人余りが詰め掛けた。テレビの照明で挙式の間中暑苦しかった。新婚旅行はどこへ行くのかと、報道陣がつきまとった。吉田は取材攻勢を恐れて、とうとう新婚旅行へ行くことができずに終わった。

「報道はみんなに知ってもらうひとつの義務もある。わからんでもないが、自分がその立場になってみると、これでよいのかと思うこともある」

　次の取材対象は出産だった。被災後の乗組員の中で最初に子供を産むことは世間の耳目を集める。勇気が要った。五八年の第一子。助産婦が来て自宅で出産した。何も手が付かずうろたえた。

「子供ができて、丈夫で、二人とも健康優良児になって新聞にも出た。いくら気を付けても健康優良児にはなりゃせんでしょうが。こりゃあ授かりもんでしょう」

　前庭にひときわ大きくソメイヨシノが茂っている。長男の誕生を祝った記念樹だ。長女のは実のなる柿の木だった。

退院後の帰郷、列車内の乗組員を取り囲む報道陣＝ 1955 年 5 月20日(静岡新聞社所蔵)

「怖さ知ってるから」

一九九九年秋、東海村臨界事故の報道で突如、第五福竜丸の名前が浮かび上がった。被ばくした核燃料加工会社ジェー・シー・オー（JCO）社員の被ばく線量と比較、対照されたからだ。

事故は高濃度ウラン溶液の製造中に起きた。作業員三人が溶液をバケツで運び、沈殿槽に大量投入した結果、連鎖的に核分裂反応が続く臨界状態が発生した。作業員三人が大量被ばくし二人が死亡、周辺住民六百人余りも被ばく、業務上過失致死罪などで同社幹部が水戸地裁で有罪判決を受けた。

比較された第五福竜丸乗組員の平均被ばく線量は、二番目の犠牲者と八十二日目に退院できた作業員の中間に当たる。

「わたしらの仲間に、東海村のようにバケツで運べって言ったら怒りだすよね。被災して放射能とはこういうもんだって知ってるから。知らないから、親方に指示されれば、やってしまうんだよね」と、第五福竜丸の元甲板員吉田勝雄は淡々と語る。

ビキニ事件は、GHQ（占領軍総司令部）による新聞、ラジオの情報統制が解除されてわずか二年余りのこと。原爆被災の実態もベールを脱いで間もなかった。五十基を超す原子力発電所がある現在とは、放射能の知識が大幅に違うはず。臨界事故は生半可な知識の恐ろしさと教育の怠慢を強く印象付けた。

「放射能は怖いもんだよってことは、小学生でもわかっている。しかし、それ以上のことはわからない。教育されても絵にかいたもちで、作業員自身も分からんかったと思うだよね」

水爆の灰を浴びて四、五

日後、口の端や目じり、鼻辺りの柔らかい皮膚が全部炎症になって痛んだ。手のひらもやけどのようになってロープが握れなかった。原爆と放射能という言葉だけは知っていたが、実際どのような影響があるのか、当時は知らなかった。

しかし、今は違う。立て続けに起きる原発の不祥事にも無関心ではいられない。「自分たちは被災しているから、ほかの人よりもこうした問題に敏感なんだよね。放射能の〝潜伏期間〟がどれくらい長いもんだかわかってるしね。洗っても何しても、取れるものではないからね」

まっすぐな視線で淡々と語る言葉が、社会への警鐘のように響いてくる。

「事故が起きても現場が責任負うだけで、上の人間はのほほんとしている。何の事件でも。それが腹が立つんだよね」

そんな風潮が蔓延する社会を改善してほしい。弱者の声を聞き、それを守る社会ができて初めて、自分たちの声も届くのではないか。吉田はそう考えている。

弱者の声を聞く社会を—と語る吉田さん＝2002年8月30日、大井川町利右衛門

船長としての航海

二〇〇二年十月十七日、名古屋市南区に住む元第五福竜丸船長筒井久吉（71）の自宅を訪ねた。

「今これを見とったとこ」

テレビは北朝鮮による拉致被害者の帰郷を生中継していた。感無量の面持ちで被害者が小型機のタラップを降り、故郷の佐渡の土を踏む。筒井と二人、お互いあいさつもそこそこに、じっとテレビ画面を見ていた。

「被害者全員が引き揚げて来る前に、ワイドショー的にやってほしくないなあ」

「北朝鮮にはウランの工場があると言っとるでしょう。すぐにでもテポドンに載せられるような核があるということだから、外交がよほどしっかりしたことをやらんと…」

外交優先の処理に翻弄されたビキニ事件。その渦中でマスコミにさらされた過去が、言葉の背後に浮かんでくる。

筒井は事件に関連したニュースに無意識のうちに目を留めていた。原発事故や核実験のニュースも同じように。

「普通なら見出しだけ見て素通りするところを、よく読みますよね。それだけ意識の中にあるということかなあ」

そう他人事のように言って、新聞記事のスクラップブックを引き出す。

「気になるなあ。気になるからこうして取っておくんだろうなあ」とページを繰った。

一つの記事に目を留めた。第五福竜丸のエンジンが一九九六年に三重県御浜町沖から引き揚げられ、その後、東京・夢の島の都立第五福竜丸展示館に送られる一連の記事だ。

「そっとしておけば良かったのになあ。これも海に返しておけば良かったのに…」

平和集会で「お帰りなさい」と擬人化されたエンジン。筒井もまた同僚をいたわるように「ゆっくりお休みになってもらっとったほうが良かった」と静かに言った。

筒井は三河湾に浮かぶ佐久島の生まれ。愛知県水産高校卒業後、焼津の第二福竜丸に練習生として乗船した。捕鯨船が希望だったがつてがなく、同校教諭のおいが同船乗組員だった縁で紹介を受けた。

第二福竜丸にはのちの第五福竜丸乗組員数人がいた。筒井は一緒に神奈川県三浦・三崎港所属の遠洋カツオ漁船事代《ことしろ》丸で研修を積む。やがて第二福竜丸船長だった西川角市（故人）が事代丸を買い取って船主になり、遠洋マグロ延縄漁船に改造して第五福竜丸と名付けた。

筒井は乗組員の中で唯一乙種二等航海士の資格があった。一九五四年一月、航海目前に船長が病気で下船したため、代理の船長として急きょ乗船することになった。二十二歳の筒井は初めて船長の肩書を使った航海で、思いも寄らない大事件に遭遇することになった。

原発事故や核実験の記事は無意識のうちに読んでいる－と筒井さんは言った＝2002年10月17日、名古屋市南区

「どうにもならん…」

「マグロを廃棄処分する仲間がたくさん出た騒ぎはこたえたなあ。一番ショックだったね」

元第五福竜丸船長の筒井久吉は事件当時、同業者の被害に最も心が痛んだ。放射能汚染魚、いわゆる原爆マグロの騒動は一連の核実験による漁場汚染で一層拡大した。

国費で影響を調査した最終報告「水爆実験と日本漁業」（一九五八年、近藤康男著）によると、事件の年、マグロ漁船は出漁十回に一、二回は汚染魚を揚げ、厚生省は八百五十六隻を汚染魚の廃棄漁船と認めた。「日鰹連史」（一九六六年）では、日本鰹鮪漁業協同組合連合会がアメリカの慰謝料を配分した被害船（操業短縮、魚価低落被害、商船なども含む）は千四百隻余り、うち廃棄漁船は九百九十二隻に上った。築地魚市場は十九日間休止。再開後もマグロ類の市場価格は以前の半値。全国各地で魚屋やすし屋の休業が続いた。第五福竜丸はこうした騒動の元凶のように見られた。

「こっちは近所でもぼくの過去を知ってる人は少ない。焼津よりいいですよね」

筒井は被災治療の入院生活を終えたあと、第十一福竜丸に乗船して乙種一等航海士の資格を取り、愛知県水産試験場に就職した。三十五年勤続のうち十七年間、調査試験船の船長を務めた。

「事件は意識の中にあるけど、ええ加減にきれいにしとかないと先に進めないじゃないですか。前向きに生きなきゃしょんないってことでしょう」と、語尾の上がる三河なまりで言った。

「たいした病気もしとらんし、苦労知らずだったたから、そう悲惨に感じてなかったかもしれない。何とか今まで生き延びて来れたのは、良い人生じゃなかったのかな」

筒井は自分の被ばく量が軽いと感じている。船員保険の再適用を申請する元甲板員小塚博の誘いに応じなかった理由も一つにはそれがある。

「ぼくはどこも悪くないし、仲間にはようなれん。何かあっても、果たして被災との関連が証明できるか疑問も感じたし」

再適用運動を支える平和運動への違和感もあった。分裂したままに見える原水禁運動に「拒絶反応が起きる」のだという。しかし、反核平和運動自体には反対ではない。核実験や原発事故はやめてほしいと強く願い、焼津市主催の反核平和集会「6・30市民集会」には参加してきた。

「しかし、平和運動の成果が上がらん。核実験もなくならん。何言ってもどうにもならんだろうっていう、あきらめが強いかもわからんね」

そう寂しげに言った。

筒井さんは長年船長を務めた愛知県水試調査試験船の写真を見せた＝2002年10月17日、名古屋市南区

療養中、長文の手記

「おもしろいっきな。機関場だもんでな。機関長はいたけど、油のことから何から、エンジンのことはほとんど任されてね。これはおもしろい商売だなあと思ったっき」

二〇〇二年秋の焼津港埠頭。第五福竜丸の元機関士池田正穂（70）＝焼津市保福島＝は、停泊中の遠洋漁船を見ながら、さも楽しそうに半世紀前の職場を回想した。シャカシャンシャカシャン――二百五十馬力六気筒ディーゼルエンジンの機械音が、今も耳に残っている。

池田は尋常高等小学校卒業後、終戦直後で就職先もなく、十六歳で父の友人が船頭をするカツオ・マグロ兼用船に乗った。サバ船にも半年ほど乗ったが、「第五福竜丸が商売を始める」という話を聞いて乗り組むことを決めた。漁労長の見崎吉男が母方の遠縁に当たる関係から縁を頼った。当時二十一歳。長期間の遠洋航海はこの船が初めてだった。

被災して帰港後、入院先で放射線を測定するガイガーカウンターを頭髪に当てると、猛烈な検出音が鳴った。頭もまゆ毛も剃り上げられた。訳の分からない事態だった。しかし、国立東京第一病院へ入院した十六人の中では比較的元気だった、と記憶している。

「病院に来る手紙を整理したり、点滴してる衆に持ってったり、入院したときから元気良かったもん。記者会見なんかもさ。マイクが並ぶ前でおれがしゃべったり。情報屋みたいなもんだった」

池田は入院中、文芸春秋九月号に日記や手紙を含む七千五百字余りに及ぶ手記を寄せた。雑誌に手記を書いた乗組員は複数いるが、恐らくそのうちで最も長文の寄稿だったろう。後世の文献に引用の頻度が高い「西から太陽が上がる」という一文もこの中にある。

元気だったとはいうものの、池田は手記で「慰められたり、捨て鉢になったり、励ましたり、苦悩したり、とにかく希望のない灰色の療養生活」（原文のまま）と心情を吐露していた。支えは焼津の学童から届く見舞いの手紙と親の真心だった。

病床に届いた父母の手紙は胸の上に置いて寝た。「そうすることによって、不眠に取り付かれず、悪夢にもうなされずに安眠することが出来た」（同）とも書いている。

あの自分が父になり祖父になった。

「事件がなければ、まだ船に乗ってたかもしんねえな」。それだけ海が好きだ。海は安らぎを与える。「年を取ると余計にそう感じる」という。「生まれ変わったらね、もう一度船に乗りたい」

生まれ変わったら、もう一度船に乗りたい―と言う池田さん＝2002年9月19日、焼津港

「孫よ医者になって」

二〇〇二年九月のある日、第五福竜丸事件関連の展示場がある焼津市歴史民俗資料館へ、元第五福竜丸機関士の池田正穂と車で向かった。助手席に座った池田は曲がり角や信号を的確に指示する。「車の運転だけは長いことやってたから習い性だ。ああいう大きいのに乗ってね」と指さす大型トラックは十一トン車だった。大手運輸会社で二十年間、長距離トラックの運転手。十年前の定年退職までハンドルを握った。

池田は運輸会社の前に、京都市内で染物業を経験していた。東京での入院生活を終えた後、就職口を探したが、焼津で雇用してくれる船はほとんどない。思い切って京都市内の染物屋に修業に出て、やがて独立した。しかし、結局、帰郷。一九六三年に運輸会社へ再就職する。

平和運動とは運輸会社時代にかかわりを持った。労組の誘いでビキニデー集会などに参加し、組合員として一時は駐車場係などの裏方も手伝った。しかし、そうした活動は組合活動の一環だったと池田は言う。だから、個人的には、焼津市が八五年に6・30市民集会を始めると、ここだけに参加してきた。

池田は「ヒバクシャ」と呼ばれたくない。手の甲のケロイドを見せて「これは意識したけど、おれの頑張りがきいた」と、被災の後遺症を語ることはなかった。五年前の脳梗塞《こうそく》による言語障害もリハビリで見事に克服している。

焼津市歴史民俗資料館は池田には孫との思い出の場所だ。一年余り前、ここで、小学四年生だった孫に、第五福竜丸で被災した元乗組員であることを初めて打ち明けた。

島田市内の小学校に通う孫が社会科の授業で県の特産物を学んでいたとき、教室に招かれてマグロ漁や船の生活についてインタビューを受けた。その学習の手助けに二度ほど孫を連れてきた。

「おじいさん、福竜丸乗ってたってどういうことって聞いたもんで、ちょこっとしゃべった。初めて聞いたって、びっくりしてたよね」

「核兵器の廃絶を願う焼津宣言」を書き写す孫の姿が印象的だった。

十年ほど前、亡くなった全乗組員を慰霊したいと思い立ち、有志とともに同市内の故西川角市船主の菩提寺で法要を営んだことがある。

「おらん亡くなったらこ事件もなくなっちゃうのかなあって話が出たっけ。件は忘れられないほうがええ。孫らがうんと勉強できりゃあ、医者になって被ばくのことや放射能のことを勉強してもらいてえなあ」

池田の目は優しく、遠くを見ていた。

孫に問われて初めて過去を語ったという池田さん=2002年9月11日、焼津市保福島

家族が苦境の支え

戦後、カツオ船「新勢丸」に乗っていた二十六歳の見崎進（76）＝島田市相賀＝は、一つ違いの叔父見崎吉男が漁労長に就任する遠洋マグロ延縄漁船「第五福竜丸」の完成を待って、甲板員として乗船した。既に所帯持ち。新勢丸の後輩で当時十九歳の大石又七も、第五福竜丸に冷凍士として移ってきた。

遠洋航海は初めてだった。ニューギニアやインドネシアの近海。思ったよりも漁が良かった。一九五四年最初の航海は、二十七歳の誕生日から九日目、一月二十二日の出港だった。

一面の夕焼けのような光、ドーンという音、雪のような降灰という被災時の光景を覚えている。

「キノコ雲は見ちゃいない。普通の雲とは違ってな、雨が降るときの入道雲みたいな奴を見た。雲が灰を、雪みたいにの、降らして。積もってく」

帽子をかぶらずに鉢巻きをしていた者は頭、シャツが破れている者は胴へと被ばくの症状が出た。

「きついもんだえな、あれは。毛の抜ける人もありゃあ、下痢する人もある。せえで、みんな泡食っちゃったえな。マストの帆を巻くにも、手袋二、三枚しないと痛いだよな。寝てても船が揺れると、首筋なんか、荒縄でこすられる感じで。やけどが一番しんどい」

しかし、帰港時はさほどの症状ではなかった覚えがある。次の出港の準備で延縄の縄作りをしていたほどだ。

「あとから思えばあのとき被ばくと分かって良かったなと思う。そのまま出港すりゃ、次第に気力もなくなって体が弱って、船は幽霊船になっちゃうら」

国立東京第一病院に入院後、乗組員二人が歯科治療で歯を抜いた。出血が止まらなくなる恐れがあったために、素人目にはたかが抜歯と思えても、医師団は家族を呼び寄せた。

六人部屋の病室では無線長久保山愛吉が隣のベッドだった。やがて、久保山の症状が悪化して個室に移った。意識不明になって一カ月、わずかに一時回復の兆しを見せたが、帰らぬ人となった。

「歳でいくと次はおれか、ベッド番号でいくと次かな、そう思った。良いことは考えなかったな」

心の支えは子どもだった―と被災当時の思い出を語る見崎さん＝島田市相賀

誰の気持ちも落ち込むばかりだった。病院は自殺者を警戒して患者を監視した。支えは何だったのだろうという問いに、見崎は即答した。「やっぱ、子どもだえな」。苦境を支えたのはやはり、古里に残してきた家族だった。

二〇〇二年五月下旬から見崎は語りだした。

転職、「強運」な人生

「もしも、わしが途中で病気になっても船は戻っちゃ来れない。漁場近くに行って病気のために連れて戻らなきゃならないっていったら、それだけで船は赤字だもんね」

第五福竜丸の元甲板員見崎進は事件後の療養を終えて、再び漁船に乗ろうと思ったが、体に万全の自信があったわけではない。迷惑をかけると思い止まり、陸の仕事を求めて職安通いを始めた。条件を下げつつ何度か通って求人を探すうち、ある会社を紹介された。

喜んで訪ねてみると、社長がこう言った。「働き口はあるが、重労働をさせた結果、病気になったと新聞に出ると困る」。そんな拒絶が二度ばかり。被災者の採用を断る方便に思えた。

半年、自宅で療養しながら暇を持て余した。焼津市内にあった映画館に好きな時代劇を見に行ったりもしたが、「大のおとながぶらぶらしてては」と心底楽しめない。

家族を養うために干物屋にも手を出した。

「ある日、見崎進は退院したら豆腐屋を始めるって新聞に載った。新聞にそう言っただかって親に聞いたら、お前が言ったのかと思ったと」。何の根拠もないが、それもまたいいか、と思い直した。

静岡市の豆腐屋で二年間修業し、焼津に店を開いた。既存業者に割り込む余地はないから売り歩いた。最初は「トーフー」と鳴らすラッパが吹けなくて往生した。ところが、吹けるようになるとラッパなしでは通れない習い性となった。いでたちはタオルの横鉢巻きに長靴。「やっぱ好きだよな」と漁師姿を定番の仕事着にした。

入院中の誤報がきっかけになった豆腐屋は、その後十二年間続く本業になった。その一方で、万一自分が倒れた時に家族が食べていけるよう、アパート経営も始めた。自営十年余り。さらに旅館業にも手を広げた。昼夜のない漁船員の利用で大繁盛した。最盛期を過ぎて手放すとき、悪徳不動産業者にだまされそうになるもめ事が起きた。不動産業者はその数年後、別の件で保険金殺人を起こす。一つ間違えば…と、身の毛がよだつ話だが、見崎は自らの強運の逸話として話した。

その後、相良町、島田市と転居して旅館業を続けた。板前になった息子たちのために、岐阜県白川村役場の拡張工事で売りに出た白川郷の合掌造り住宅を買い、移築して飲食業も始めた。すべての事業が順調に思えた。

ところが、十三年前、長男を突然、心臓病で失った。四十歳代の働き盛り。かつて病床の苦境を支えてくれた子どもとの逆縁は、つらかったはずだ。

合掌造りの屋内に掛かる天狗の面の前に立ち止まり、見崎はぽつりと言った。「死んだ息子が仕入れてきた天狗だよ」

被災後、豆腐屋から身を起こし、合掌造りの店を持った見崎さん＝島田市相賀

「絶対人を泣かすな」

島田市郊外の大井川左岸、相賀地区。流量豊かな大井川用水が、かなりの速さで流れている。第五福竜丸の元甲板員見崎進は朝夕、自宅周辺を三十分ずつ歩くのが日課だ。健康にいいと始めて二年余り。軽やかに歩く。

「事件後はね、風邪を引いてもあのときの関係かなって神経も使った。五、六年たったころからそういうことは思わないことにした。そりゃあ、原爆だ水爆は怖い。平和ってことは忘れないけえが、いつまでもくよくよしてね、福竜丸が…、体が…って思っていてもしょんないでね」

第五福竜丸には小学校の同級生がいた。機関長と甲板員二人。元甲板員は五十三歳と五十七歳で、機関長は六十歳でそれぞれ亡くなった。要因を被災と関連付ける向きもあった。しかし、喜寿を控えた見崎は、自分の身はもはや被災の後遺症とは関係がないと考えている。

「はあ、年だもんで、あっちこっちガタがくるのは当たり前だでの。わしはそう思ってるだよ。おらより若くて死ぬ衆もあるだもんでのう。たとえがんになろうがね、あの関係だとは思わない」

楽観的に前向きに生きようとする人生観の反映か。被災との因果関係を前提に、船員保険の再適用を求める考え方とは明らかに異なっていた。

「わしらより惨めな衆はいくらでもいる」。見崎はその人たちこそ優先して公的に救われるべきだという思いを、何度も語った。

それなのに、と思うニュースが近ごろ多い。国家財政の危機が叫ばれている折の

「ムネオハウス」、つまり政官癒着による不正入札問題などを思い出して言う。

「こっちゃまじめにやってるにな。正直なとこ、代議士が悪いことをすればかっとするだよ」。市井の人の誠実な人生に、泥を塗るような政治が情けないのだ。

「絶対他人を泣かすな。泣かせば、いつか自分が泣くときが来るから」と子に諭してきた。そういう見崎自身もまた、第五福竜丸元乗組員として恥じない人生を送らなければと、自らに言い聞かせてきた。

「見崎進という名が新聞に出ても、知らない人はいくらでもある。だけん、わしには第五福竜丸っていう肩書が付く。第五福竜丸は相当の人が知ってるでね。悪いことをすれば第五福竜丸の名にかかわる。良い方で出るならいいが、悪い方で出たかない。わしはいつでもそう思ってるだな」

元乗組員仲間に「成功者」と言われる見崎もまた、心の中の第五福竜丸とともに長い“航海”をしてきたのだった。

自分には第五福竜丸っていう肩書がある―と言う見崎さん＝島田市相賀

それぞれ葛藤抱え

「われわれの通ってきた道はあまりにも反響が大きすぎた。子どもや家族、商売のことでも、差別視されることが長く続いてきた。だからといって、社会にはまともに訴える場所もない。問題が多すぎた。できることならそっとしておいてほしい」

二〇〇二年八月、ある市の住宅街。静かな自宅で第五福竜丸の元甲板員（73）は、それが元乗組員全員の共通する思いではないかと言った。

記録を後世に残したいといろんな人が来た。ヒバクシャとして率先して反核運動をしようと語り掛ける仲間もいる。しかし、「あの世の前にきて、今までそっとしてきたことを表に出したくない」と断ってきた。

確かに言いたいことはある。

「広島、長崎のヒバクシャには被爆者手帳があるが、わしらにはそれもない」

船員保険の再適用の件でもそうだ。国、県は船員保険を申請した二人の元乗組員に再適用を認めたが、希望者から申請がなければ、適用を働き掛けることもない。

そういう今の政治の在り方に反感もある。

「元乗組員の中にはヒバクシャとして先頭に立ってやらなければならないという思想を持った人もいるし、被災したことで世間から白い目で見られ、仕打ちを受けたことで人嫌いになった人もいる。それぞれが自分なりの解釈をして世の中を渡り、表向き平静を装っている。しかし、人にはそれぞれの立場があり、心の中ではみんな葛藤があると思うよ」

被災者としての葛藤を政党・団体の平和運動に利用されたくないと思う。

「それですずさん（故久保山愛吉無線長の妻）がどれだけ精神的に苦労したか」

ずっとそう感じてきた。

「平和運動はなぜ久保山さんだけを象徴的に取り上げるのか、後に亡くなった乗組員をただの一度だって供養したことがあるのか」

平和運動は一面でそうした元乗組員の思いを置き去りにしてきたようにみえる。

「人生観は無理して言えば忍耐しかないだろうな。今の年になって初めて分かることだが、時代の流れには勝てない。悪く言えば押し流される。今の政治を変えたいっても、どうにもならん」

自分を守るには自分しかないと言い切ったものの、

「寂しいね。寂しすぎる」

とつぶやいた。

そして、思い直したように言った。

「生きていく道って、一日半歩かもしれないが、前進する以外にないだからね」

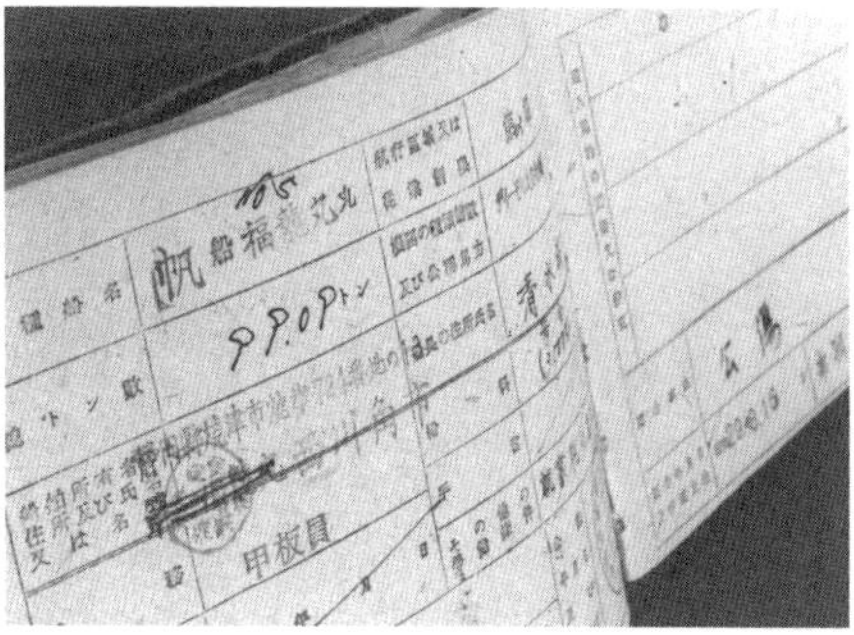

船員の乗船履歴が分かる船員手帳
（本文と写真とは関係ありません）

偏見に反発…沈黙

第五福竜丸に積まれていた荷物の目録にギターがある。酒も賭け事も禁じられていた船内で、仕事の合間に時折、歌謡曲を弾いて歌った乗組員たちがいた。昭和二十年代に大ヒットした「かえり船」など田端義夫の船員シリーズを歌っていたのを、覚えている仲間がいる。二〇〇二年九月初旬、ギターの持ち主と目されている元甲板員（71）に会った。

街の片隅でひっそりと静かに暮らしていたい―という重い口を開いて、元甲板員は事件の記憶をたどり始めた。

「まだ星が出ていた。ご飯を食べ終わって船室にいたとき、急に夕焼け空みたいに明るくなってね。船頭（漁労長）がね、六分儀で天測していた。今の方向を教えてくりょう、と誰言うとなく聞いただよな」

閃光は西側からだった。

「瞬間的にはね、西から日が上がったってことは天地の大異変が起きたかなって思った。雲は見えない。見ているいと（うち）に明かりは消えた。そいから、音がすごかっただ。船が破裂するじゃないかっていう大きな音が。戦争でも起きたかなと思った」

やがて、フォールアウト（放射性降下物）いわゆる「死の灰」が降る。シャツの中でベルトの位置にたまった。そこが傷になって残っている。左手で髪を引くしぐさをして「こうして持ちゃあ、ぽろっと抜けちゃって」。えたいの知れない灰はビタミン剤のびんに集めて、ベッドの枕元に近い位置につるして置いた。

「新聞とか雑誌には、空から降ってくる灰をおもしろがって集めたって書かれたが、全然違う」。天変地異でしか起こらない洋上の降灰を、楽しむことなどあり得ない。偏見に満ちた表現だと思った。「こういうもんかって反発を感じたね。ペンの暴力だって感じたな。だから、ノーコメントで対応した方がいいなって思うようになった。沈黙は金だよってね」

　被ばくから五十年近くが経過した。

「放射能ってやつを受けると、自分の弱いところをたたかれてよけい弱くなる。弱みにつけ込むのが放射能であるってことに気が付いたな」

　弱みがあったのかどうかという話には及ばない。元甲板員は思い直したように顔を上げ、まっすぐにこちらを見た。

「ここまで元気に生きてくれば上等だ。どうせ年を食えば、追々あそこが悪くなりここが悪くなり、だんだん弱くなって人間は死ぬんだな、成り行きに任せて」

　かみしめるように言って、初めて声を上げて笑った。

第五福竜丸の船内にもギターがあった
（本文と写真は関係ありません）

被ばくで「世に貢献」

「自分から被ばく者であるって言いたくないな。自分の子にも」と、第五福竜丸の元甲板員はとつとつと話し続けた。

「被災者であるってことをひた隠しにしたい。会社へ行ったたってな、みんなと一緒に仕事ができる正常な人間だと、つまらん意地を張って生きてきただよな」

ラジオで聞いたと「一つ目ザル」の差別の物語を引き合いに出した。

ごく普通の一匹のサルが一つ目ザルの群れに迷い込んだ。すると、一つ目のサルたちは、両目のあるのは普通ではないと差別した。両目のサルは仲間に入りたい一心で、自分の片目を石でつぶして群れの仲間になった。

「結局、我々の悩みってやつはそこにあるのかもしれない。我々のような被災した者は何十億の人間の中では一握りだよね。逆になってみな。ほとんどが『原爆症』の人間で、健全な人間が一握りだとすれば、我々の悩みは何もないよ」

健全な群れの中で味わってきた孤独の苦悩。だから「世の中の風に流されながら生きてきた」とも言う。「晴れて人生を歩みたいっていう気持ちを何かに抑えられてきた。今までのびのびとした生活を一度もしたことはないだけえがな」

還暦を越えたころ、姉が「般若心経でも書いてみなさいよ、心が静まるかもしれないから」と写経を勧めた。毎晩、寝床に就く前に書くようになった。「書くことによって安らぎを感ずればいいじゃないか」と自らに言い聞かせ、二百七十六文字を書いては燃やす。心経の意味も学んだ。

「欲をかかなけりゃ、争い

もない。人を恨むこともないし恨まれることもない」

　事件を振り返る。声が次第に大きくなった。

「大きな目で見れば、被ばくを食ったこと自体が世の中のためになった。結局、我々が被ばくしたことによって多くの人が知識を得た。原水爆は怖い。実験だけでも怖い。世の中の人にそう警鐘を鳴らしたことは事実だよ。被ばくは名誉な話じゃないが、多少貢献できたかなって自分の気持ちを鼓舞したい。だれも評価してくれなくても、そう思えば、多少明るい顔もできる。平和運動に携わらなくても、一つの役目を果たしたなって…」

　目が潤んでいた。うなずくと、「うれしいですよ」と泣き笑いのような顔になった。

「せっかく授かった命だから、これからは平和を願いながら気楽に生きたいなあ。悪夢は忘れてのびのびと…」

　背伸びをするようなしぐさをして、もう一度笑ってみせた。

心が静まると始めた写経(イメージ写真)

■「ゴジラ」

映画「ゴジラ」はビキニ事件を機に登場した。

第一作は一九五四年（昭和二十九年）十一月三日の封切り。米国の水爆実験による放射能汚染禍「ビキニ事件」に触発されて制作した。既に二十七作品が公開されている。

ゴジラは度重なる水爆実験で突然変異した原始生物。映画はだれもがビキニ事件を想起できる設定だった。観客動員数九百六十万人余。第五福竜丸の久保山愛吉無線長が死去し、放射能禍が全国に拡大した後の公開は、核兵器への怒りを込めた作品とも言われる。

■数奇な運命の船

第五福竜丸は紀伊半島の「熊野」に縁がある数奇な運命を持った船だ。熊野は和歌山、三重、奈良にまたがる半島南部一帯をいう。

同船は一九四七年に和歌山県内で遠洋カツオ漁船として誕生。神奈川県三崎港所属漁船として四年間働いた後、清水港でマグロ漁船に改造後、転売され焼津港所属の「第五福竜丸」となった。

ビキニ事件後に国が買い上げ、残存放射能の失せた二年後、三重県内で改造し東京水産大の練習船に。六七年に廃船。解体業者から転売を受けたエンジンを搭載した同県の貨物船が翌年、熊野灘で座礁、沈没した。船体は東京・夢の島のごみ集積場に放置されたが、船体の保存運動が実り、保存委員会を財団法人化した第五福竜丸平和協会が同船を東京都に寄付、都が七六年に第五福竜丸展示館を建設し、以後の管理、運営を同協会が担っている。

熊野灘のエンジンは九六年、和歌山県海南市のミニコミ発行人杉末広さん（67）が発見、私財を投じて引き揚げた。

杉さんによれば船体の材は熊野のマツ。熊野生まれの船が廃船となり、心臓部だけが熊野に帰ってよみがえるいきさつは、霊を呼ぶという熊野信仰をほうふつさせるという。

■第五福竜丸展示館

第五福竜丸の船体保存運動を推進した保存委員会を財団法人化した第五福竜丸平和協会から寄付を受けた東京都が一九七六年に、夢の島に第五福竜丸展示館を建設した。同協会が業務委託契約で管理し、都が運営費を支出している。

館内には第五福竜丸の船体や関連資料と敷地内にエンジンなどを展示し、年間平均十二万—十三万人が訪れる。

船体は一九八〇年代半ばに中央でひび割れる危機的な保存状態になったために大改修された。同協会の安田和也事務局長（50）＝写真＝は「原水爆反対を願う広範な市民の声がなければ、都も保存のための展示館を建設できなかった。その理念をこの船を通じて後世に伝えていくことが大事」と、二〇〇四年のビキニ事件五十周年を機に、展示をリニューアルした。

■魚肉ソーセージ

ヘルシー志向の消費市場で復活の兆しがある魚肉ソーセージは、半世紀前のビキニ事件でメジャーになった。

日本魚肉ソーセージ協会（東京都）によると、ビキニ事件は魚肉ソーセージの製造事業が脚光を浴び始めた時期に起きた。事件による「原爆マグロ」騒動で主原料のマグロの価格が半値以下に低落した。ソーセージ業界は、安全なマグロの身を安く仕入れることでコストの削減につなげる一方、マグロ原料の増量で製品の味をぐんと向上させ、一躍消費市場の脚光を浴びた。事件翌年には六十七社の製造業者がひしめき、全国魚肉ソーセージ協会を設立した。

（二〇〇三年四月）

徴用船に銃弾の雨

イラク戦争は、かかわりを持った世界中の人々に、深い心の傷を残すのだろう。第五福竜丸の元乗組員は、わが国だけでおよそ三百十万人の死者を出した太平洋戦争を体験した世代である。わずか十年余の間に、戦争と核実験という人類史の巨大な暗部に巻き込まれた。その事実を抜きに元乗組員の言葉を聞くことはできない。元乗組員の中にはビキニ事件と同様、あるいはそれ以上に、半世紀余り前の戦争体験を鮮明に覚えている人たちがいる。島田市相賀の元甲板員見崎進もその一人だった。

戦時下の一九四五年（昭和二十年）二月十八日、十八歳の甲板員見崎の乗る海軍特設監視艇のカツオ漁船「新勢丸」（一四八トン）は、小笠原諸島の硫黄島北方海域にいた。

午前十時、波は穏やか。見崎はマスト上の見張りに就いたばかりだ。五人の見張り要員のうち、最も若い見崎にマストに上れと指示があった。見張りを始めて十五分余り。機影を発見。敵機だ、とブリッジに叫んだが、あっと言う間に迫った米軍機の銃口が火を噴いた。

「パッパッパッパッパと溶接の火花みたいだった。一番最初にマストの下の無線室を狙ってね」

無線長と信号兵が即死。旋回しながら撃ち込んでくる弾丸で乗組員三十数人が相次いで死傷した。無傷は六、七人。見張りは見崎を除く全員が死んだ。見崎も流れ弾で左足に一カ月の重傷を負った。

船体には千カ所を超す弾痕。船が揺れるたびに穴から海水が入り、右に左に遺体が転がる。恐怖感もなく、感覚がまひしていた。船内に仕切りの多い遠洋カツオ船だからこそ急な浸水を免れ、横須賀まで約二週間の帰航に耐えた。

新勢丸のように、国家総動員法の下で陸海軍など国が徴用した船を「徴用（傭）船」という。徴用漁船には、漁業に従事しながら担当海域の哨戒《しょうかい》に当たる「特別漁船隊」、南方海軍部隊に鮮魚などを供給する「南遣鮪漁船隊」、最前線でレーダー代わりの見張りをする「特設監視艇」などがあった。

見崎が十六歳で乗り組んだとき、新勢丸は既に横須賀を母港とする特設監視艇だった。「漁船の太平洋戦争」（一九九二年、殉国漁船顕彰委員会刊）によると、新勢丸は四三年三月、太平洋上で浮上した潜水艦と交戦、潜水不能の打撃を与えたが、乗組員二十三人中十三人の死傷者を出した。

「船は沈まずに帰ってきた。わしらはその補充の軍属」。艇長は海軍少佐。下士官三人、兵隊十数人のほか漁師十人が乗り組んでいた。船首には六インチ砲、ブリッジに七ミリ機関銃を備えて武装していた。

「終戦間際には軍艦もなくなって、しまいにはブリッジの操舵室前にもロケット砲二門、二五ミリ機関砲二門が付いたよ。他に付ける船がないもんだでね」

しかし、多くの徴用船は小銃や軽機関銃だけという丸裸に近い装備で監視や軍需輸送の任務に当たった。

焼津漁業史によると、焼津の漁船は遠洋に適した船が多く、三八年から四五年の敗戦までに八十五隻が徴用された。母港に帰還したカツオ・マグロ漁船は十三隻だけで数百人の船員が戦死または戦病死した、という。

運命を変えた敗戦

太平洋戦争が始まる八カ月ほど前の一九四一年（昭和十六年）春、十六歳の見崎吉男＝焼津市小川新町、第五福竜丸元漁労長＝は遠洋漁船「福積丸」（一三一トン）の甲板員となった。

刻々と戦時色が増す中で、福積丸は、夏はマグロ漁、冬はカツオ漁に出た。十二月八日開戦。新年早々、福積丸は船員ごと海軍に徴用され、機関銃一丁を装備して海軍特設監視艇になった。

初めはレーダー代わりの監視任務に就き、戦局が傾くにつれ軍需物資の輸送が増えた。平たいマーカス島（南鳥島）、浜のきれいな硫黄島、立派な港のあるサイパン島など輸送先の島々を見崎は覚えている。

やがて、マーシャル諸島など日本の統治していた南方の島々が、次々と米軍に占領された。

サイパン島が陥落した四四年七月、福積丸は小笠原諸島の父島付近で米軍飛行編隊が通過するとの情報を得た。軽武装の漁船など十二隻の船団は、父島で硫黄島向けの物資を積んだばかり。父島へ戻れば早いが、入港すれば船団もろとも港湾施設を爆撃される。

艇長らは一計を案じ、母島の絶壁直下に船団を待避させた。米軍機に絶壁を急上昇で避けつつ直下の船団を爆撃する技能はない―と。ところが、船団を見つけた米軍機は機銃掃射と爆撃で僚船を次々に撃沈した。福積丸も被弾して沈没。見崎は海へ飛び込み、すんでのところで助かった。

残ったのは三重県の漁業指導船だけ。生存者が帰路に就く前、浜辺で犠牲者を集めてだびに付した。十九歳の年だった。

第五福竜丸の元乗組員の中には、特攻隊への道を歩いた者もいる。元甲板員（71）は尋常小高等科在学中に少年航空兵（予科練＝海軍飛行予科練習生）候補になった。「学校も男は手旗信号とモールス信号、軍人勅諭だけ覚えてりゃええだと。あとは鉄砲の持ち方、銃剣術のやり方ばかり」。敗戦で運命が変わった。

元甲板員の吉田勝雄＝大井川町利右衛門＝は、実際に少年航空兵になった。戦時中、尋常小高等科の卒業生を対象に予科練志願者を募っていた海軍は戦争末期、各校へ志願者の割り当てをするようになった。初の割り当てを受けた校長がある日、吉田の自宅を訪ねて両親に頭を下げた。

十五歳の吉田は農学校への進学をあきらめ、茨城県の土浦海軍航空隊での予科練試験を受けて合格、卒業と同時に入隊した。出征の時、みんなが日の丸に寄せ書きし、村中総出で送り出してくれたことを覚えている。

その後、奈良に駐留し、敗戦まで、特攻隊員になる日を待った。「命が短いから」と食事の待遇も良かったという。

予科練出身者は全国で約二万四千人。うち八割近くが戦死している。

海軍に徴用されサイパン島沿岸で任務に就く焼津港所属漁船「第二宝松丸」。撮影年の昭和１９年１月、米軍機により撃沈（焼津市大村新田、近藤梅夫さん所蔵）

引き揚げ者を守る

米軍機に撃沈された徴用船「福積丸」から脱出し、九死に一生を得た第五福竜丸の元漁労長見崎吉男は、帰郷すると間もなく長兄の戦死の報を受け、次いで召集令状を受けた。二十七歳の長兄は約一万人の日本兵とともにレイテ湾海戦で戦死。遺骨も遺品もなかった。

「昭和二十年（一九四五年）に戦地へ行けば、帰って来るかどうか分からん。おやじさんとおふくろさんはどうなるのか。半分やけっぱちだったよね」

一月五日、近所親せき一同の盛大な見送りで出征。十九歳で陸軍岐阜連隊第四部隊に配属。四カ月後に名古屋第六連隊に転属。半月後には沖縄戦要員として九州に移り、佐賀県唐津市の隣村に駐留した。

日米合わせて約二十万人の死者を出した沖縄戦は六月下旬に終わり、見崎ら若い駐留兵約三千人は、戦地に赴くことなく終戦を迎えた。帰郷の巡航船で被爆地広島に立ち寄り、「新型爆弾」による被災の生々しい話を聞いた。この経験が九年後のビキニ被災時の直感に結びつくことになる。

帰郷しても乗る漁船はなく、見崎は四六年秋、釜山と下関、仙崎（山口県）などを結ぶ引き揚げ船に甲板員として乗った。当時、海外にいたおよそ六百六十万人の軍人、軍属、一般人が敗戦に伴って居留地などを追われ、引き揚げ始めていた。旧満州からは約百万人、朝鮮半島からは約九十万人が、その年のうちに引き揚げてきた。

「こっちから乗せて行く朝鮮の人は、日本から解放されて意気盛ん。釜山の港に着くと、声高らかに合唱してね。新しい国をつくろうっていうデモ行進を、わしらもびっくりして見てたっけ」

　対照的に、引き揚げる日本人は惨めだった。見崎は十二月のある日の釜山港を思い出す。引き揚げ者は着の身着のまま、顔も髪も汚れ放題でほとんど男女の別も分からない。三々五々徒歩で港に着く人たちの多くは、米軍が設営したテントの中で毛布をかぶって縮こまっていた。

　日本の港に着いた引き揚げ者は、港の引揚援護局の役人に持ち物全部を調べられ、紙幣や毛布を徹底的に徴収された。

　見かねた引き揚げ船の幹部が、この人たちは日本人だぞと抗議した。

「日本の国に世話になりに来たんじゃねえ。古里へ帰ろうとしている人たちだ。釜山じゃ検査を通ってきた。ようやく日本の船に乗って日本に着いた。その気持ちが分からねえのか」

　役人は法律に従うことが仕事だと答えた。

　これが日本の役人かと憤慨した乗組員らは、次の航海から引き揚げ者を人垣で囲って守り、上陸させるようになった。

　見崎が鮮やかに思い出す終戦のひとこまだ。

昭和17年に徴用され、特別漁船隊に配属された焼津港所属「第六勇気丸」。敗戦で無事帰還（撮影時期、場所ともに不明、焼津市歴史民俗資料館所蔵）

急成長の遠洋漁業

第五福竜丸元漁労長の見崎吉男は戦後、引き揚げ船や運搬船などいろんな船に乗った。しかし、結局、遠洋漁船が一番好きだった。「漁士」と書いた当時の遠洋漁船員の魅力を語るときには、いつも表情が輝く。

「本業は魚との格闘。ほかの船は港から港へ決められたコースを無事に走ってりゃいいわけだ。ところが、『漁士』は魚っていう、えたいの知れない連中を探して、どこへ行くかわからねえ。それがおもしろい」

遠洋漁業は戦後、漁船も船員も不足。その上、GHQ（連合国軍総司令部）による遠洋漁業の操業規制（マッカーサー・ライン）を受けて窒息状態にあった。しかし、一九五二年にサンフランシスコ講和条約が発効して日本が独立を回復すると、規制は全面的に撤廃された。

「沿岸から沖合へ、沖合から遠洋へ」と推奨する国策に乗り、遠洋マグロ漁は急成長した。遠洋漁船も木造から鋼製へ、カツオ・マグロ兼用からマグロ専用へと移行しながら大型化していった。

五一年、第七事代丸という木造カツオ漁船が、清水市の金指造船所でマグロ延縄漁船に改造された。

焼津港所属第二福竜丸の船長兼漁労長を務める西川角市は、この船を買って船主になり、見崎を漁労長に登用するつもりでいた。かつて何度か同じ船に乗った見崎の仕事ぶりを信頼していたからだ。「焼津の船へ早く腰を落ち着けよや」と西川は誘った。

当時、二十歳代半ばの見崎は第二福竜丸などの遠洋漁船に乗ったあと、漁労長を目指して東日本随一の遠洋漁業基地、神奈川県の三崎港で研さんを積んでいた。一船一家主義的な旧習を保つ焼津と違って三崎は開放的だった。腕一つでいろんな船に乗ることができた。

ここを基地に全国の主な港で腕を磨こうと考えていた見崎は漁労長はまだ早いと迷ったが、他ならぬ西川の語る夢に乗った。後に第五福竜丸の機関長、冷凍長、船長、甲板員になる四人とともに半年間、事代丸で三航海の経験を積んだ。

事代丸は四七年、戦後二年目に和歌山県東牟婁《ひがしむろ》郡古座《こざ》町で建造された。総トン数一四〇トンだが、当時の漁船の許可トン数規制から書類上九九トンで登録した記録が残る。魚は氷蔵。食糧用の低温貯蔵庫、造水機やふろも、まだ標準装備になる以前のことだ。

水産庁統計資料では、五三年当時、二〇〇トン以下の遠洋マグロ延縄漁船を木造で建造する船主は既にいなかった。「新船を造るまで二年間この船を使ってくれ」

西川は同年六月、この船を買い「第五福竜丸」と名付けた。

遠洋航海の夢と「漁士」の誇りを抱き続ける見崎さん＝2003年4月9日、焼津港

核開発競争の渦に

焼津港所属の遠洋マグロ延縄漁船第五福竜丸は、一九五三年（昭和二十八年）から操業を始めた。最初の航海は赤道を越えたパプアニューギニア東沖。二回目はオーストラリア北西沖のチモール海、三回目はカロリン諸島南海域、四回目はインドネシア近海のバンダ海で操業した記録が残る。

そのころ、アメリカとイギリス、旧ソ連の三カ国は既に原爆を保有し、東西冷戦下で米ソが激しい核兵器開発競争を始めていた。五二年十一月にアメリカが史上初の水爆開発に成功すると、ソ連は翌年八月に実用型水爆を開発しアメリカをしのいだ。優位が揺らいだアメリカは五四年三月一日、マーシャル諸島ビキニ環礁で史上最大の水爆実験に挑むことになる。

第五福竜丸は同年一月二十二日、焼津港から五回目の航海に出た。いわゆるビキニ事件の発端は、それから三十八日目のことである。

事件発覚後もアメリカは三月末から五月まで、同諸島で五回の核実験を行い、放射能で漁場を広範囲に汚染した。当時、日本政府は科学調査船「俊鶻《しゅんこつ》丸」を派遣してこの事実を裏付けた。

汚染は海ばかりではない。五月十六日、京都、広島に放射能雨が降った。二十二日には横浜、宮城、山形などに降り、伊豆大島の雨水から国際安全基準の十倍を超す放射能が検出された。厚生省は都道府県に水道水や野菜の調査を指示し、野菜の洗浄を呼び掛けた。放射能雨は同二十八日、東京都下にも降り、梅雨入りとともに濃度が増した。

日本漁船の被害は大きく、汚染魚の度重なる廃棄で市場はパニックに陥った。「日鰹連史」（日本鰹鮪漁業協同組合連合会刊）によると、海洋汚染による漁獲物の廃棄、滞貨、値下がり、航路のう回などで、漁船の被害は二十五都道府県の千四百隻余りに及んだ。

市場も含む同業界の損害額は当時の金額で約二十億五千万円。うち焼津が同二億四千万円、清水が同六千五百万円、三崎が同一億円とされた。

ところが、外交上、事件の早期解決を図った日米両政府は、翌年一月の交渉で「法律上の責任問題とは関係なくアメリカは慰謝料として二百万ドル（七億二千万円相当）を提供し、完全な解決として日本側が受託」することで妥結する。

わずか三分の一の「慰謝料」に水産業界の反発は激しかった。しかし、結局、慰謝料は業界と関係者に配分され、事件は同年六月末に幕引きされた。

近年の研究によると、核分裂で生成する有害な放射性セシウム１３７が人体内に特に多かった時期は、五カ国に増えた核保有国が大気圏内核実験を盛んに行った一九六〇年代だった。

丸みを帯びた独特の船尾を見せる第五福竜丸（1954年3月、焼津港で静岡市の海野幸正さん撮影）

合併協議、市長療養…

一九五四年三月十五日、被災した第五福竜丸が帰港した翌日、当時の焼津市助役だった宮崎作次(元県議、故人)は、焼津港の築港一次計画工事の進ちょく状況を視察に来た農林省漁業課長に同行し、漁協を訪れた。

出迎えた漁協指導部長奥平松治(元市議、故人)が二階に案内し、真下の岸壁に係留してある木造船を指さして「あれがピカドンを見て驚いて逃げ帰ってきた福竜丸だよ」とささやいた。まだ、ニュースになる前日。宮崎は事情も分からず、眺めただけでその場を去った。

あとで分かることだが、十四日早朝、帰港直後の第五福竜丸から下船した無線長の久保山愛吉が、地元の共栄無線を訪れて無線機の調整を依頼した際、同社社長に「やられたよ」と話して帰った、という。

宮崎は自伝「寿自康」(一九九三年刊)でこうした思い出に触れている。

そのころ、時限立法として前年に公布された町村合併促進法によって、焼津市は小川、和田、大富、東益津四町など周辺町村との合併協議を重ねていた。市長の高富義一(故人)が病気療養中だったことから、十六日の事件発覚から助役の仕事は多忙を極めた。市は被災対策本部を、市議会は被害特別委員会を作り、対応に乗りだした。

報道機関は近くの島田市で十三日に発覚した幼女暴行・殺害事件、後に再審事件として知られることになる、いわゆる「島田事件」の取材に当たっていたが、並行して第五福竜丸関連の取材にも追われた。宮崎の自宅には連夜のように「夜討ち」と称する取材で記者が集まったと、同市小屋敷に住む宮崎の妻康枝（82）は記憶している。

市議会は二十七日、「原子力兵器の使用禁止と平和的利用」を決議した。

宮崎の記録は忙しい。事件の処理と並行して合併協議が進む。築港事業が進展し、八月に漁協魚市場が完成し、広域合併協議がまとまる。九月に久保山が他界し、十月に全国漁民葬。十二月に合併に伴う各町村の廃庁式が続く中で高富市長が死去し、年の暮れ二十八日には市葬を行った。

［福竜丸の模型ガラスに閉ざされて地球に戦（いくさ）絶ゆることなき］

短歌を学んだ康枝が事件を振り返って詠んだ「水爆忌」五首が、昭和六十年度県芸術祭賞を受けた。

「事件も年とともに薄れてまいりますが、現実にイラクのような危機、北朝鮮のＮＰＴ（核拡散防止条約）脱退など恐ろしい世の中になりました。核戦争は何としても避けなければ」

そう言って康枝は夫を回顧した。

被災後、焼津港に係留される第五福竜丸（1954年3月、焼津港で静岡市の海野幸正さん撮影）

市民運動のほう起

〈「当店では原子マグロはうっていません」と紙を張ってもだめ、ちりんちりん市場の自どう車で回っても効果はない。家に来るお客さんなんか「さしみを食べたいけえがのう」といったりする。「食べるさよ」というと「原爆マグロだなんだってさわいでいるのおっかないじゃん」〉(原文のまま)

　ビキニ事件の騒動が続く一九五四年(昭和二十九年)の焼津市で、地元の中学生たちが世相を作文集に残していた。同市立焼津中一年八組のクラス文集「あらしとうたごえNo５」。島田市向谷元町の自営業高山光男(61)が大切に保管していた。

　高山は焼津市出身。在籍した八組は、つづり方に熱心な教師の下で事件をめぐる感想を書いた。

〈弟が外からくると母は「この雨は放射能だかもしれないから、だめだよ」といった。弟をすわらせ、母はよおく話ている〉(同)

　高山は〈原水爆禁止を強く国民、世界の人々にさけばなければいけない〉と書いた。「事件は今も鮮烈な記憶として残っている」と言う。

　事件の年は旧ソ連が世界初の原発を稼働させ、日本政府も初の原子炉建造補助費を予算化した年でもある。作文にも核兵器反対と核の平和利用への願いが反映していた。

　ビキニ事件は広島、長崎に続く第三の被ばく被災として日本人に衝撃を与え、原水爆に反対する署名運動が野火のように広がっていった。

「あのころ、婦人も青年も参加した焼津市民の平和運動があった。忘れちゃいけない大事なことだよ」と第五福竜丸の元漁労長見崎吉男は、折に触れて市民の平和運動を思い出す。

地元市議会は同年三月、「原子力兵器使用禁止・平和利用」を決議、同市水爆被害対策市民大会は九月、「原子兵器の実験・使用禁止」を決議した。対策本部長の同市助役宮崎作次（元県議、故人）は「この背後には八千万国民の総意が秘められている。日本政府とアメリカは深く反省すべきだ」と壇上から語った。

年明けには同市中心街でも署名運動が行われ、婦人らが署名する光景を、先の文集は書き留めている。署名は国内約三千百万人、海外約六億七千万人に上り、広島、長崎被爆十周年の五五年夏、広島で初の原水爆禁止世界大会を開く原動力になった。焼津市議会は事前に無線長故久保山愛吉の妻すず（故人）を含む七人の代表を大会に送ることを決めた。

大会事務総長安井郁《かおる》元東大教授は大会報告の中で「超党派的な原水爆禁止運動はヒューマニズムに基づいていた。単なる感情的な反米運動にすぎなかったとしたら、このような成果は上がらなかっただろう」と語った。大会は国民的な運動母体としての「原水爆禁止日本協議会」いわゆる統一原水協を生んだ。

焼津市役所前の原水爆禁止署名運動を伝える昭和30年8月7日付静岡新聞朝刊社会面

表面化する政党色

元焼津市長の服部毅一が、ビキニ事件から三十年余り後に「ビキニの街の反核運動」として自著「海辺の窓から」（一九八七年刊）に書いた一文がある。

超党派の国民的な原水爆禁止（原水禁）運動が全国的に盛り上がった事件翌年の一九五五年。同市議で焼津漁協常務だった服部は、原水禁大会主催者から漁協ホールを会場にしたいとの要請を受けた。しかし、漁協幹部は「革新色」を疑って渋った。市内に大ホールのある建物はほかにない。服部は頭を下げて役員の承諾を得た。ところが、大会当日になって驚く。組合長が危惧した通りの事態だった。

「政府攻撃のプラカードやたれ幕を掲げ原水爆使用禁止の叫びよりも反米・反政府的デモンストレーションとなった。推測通りの漁協役員の前に不明を謝す私は身を切られる思いだった」（原文のまま）

焼津市民の大半が原水禁運動に参加できない原点はここにある、と服部は書いている。

当時の原水爆反対署名は県内で約二十四万人。原水禁運動の趣旨にまで反発した市民は少ないだろう。

「洋の東西、思想の如何を問わず、人類を破滅に導く原水爆の使用を禁止し、明るく平和な海洋の再来を強く望む」

五四年十月、焼津漁協組合長の近藤久一郎が東京の「久保山愛吉追悼全国漁民大会」で訴えた言葉は、漁業者の心からの叫びに近い。

焼津漁協は五六年四月十四日、事件後も続く核実験に憤り、同漁協で原水爆反対県漁民大会を県漁連などと共催した。イデオロギーと政党色を避け、漁業者約千五百人が生活を守るために核実験の反対を訴えた。

まだ国民運動的な組織だった統一日本原水協は被災五周年の五九年三月、焼津市初の原水禁日本大会を同市と共催したほどだ。

ところが、原水禁運動はやがて東西対立の世界情勢を背景に政党が主導権を争い、イデオロギーが表面化。自民党、民社党系が離れ、いかなる国の核実験にも反対する旧社会党系と社会主義国旧ソ連の核実験を黙認する共産党系との溝が深まった。六三年二月二十八日、静岡市で開かれた日本原水協全国常任理事会では両派が「すべての国の核実験に反対」との宣言文案で対立。翌日のビキニデー全国集会は流れ、運動は分裂した。

両派は翌年の被災十周年ビキニデー前夜、焼津市浜当目の弘徳院で運動の象徴だった久保山すず（故人）の参加を未明まで争った。そのはざまで声を上げて泣いていたすずの姿を、第五福竜丸元漁労長の見崎吉男は覚えている。

「久保山未亡人、見崎吉男漁労長は反核団体と市民の間にはさまれてずいぶん苦しんだ」と服部は書き残している。

焼津市が統一日本原水協とともに主催したビキニ被災5周年の原水禁日本大会＝1959年3月1日、焼津市の焼津漁協（焼津市提供）

市独自の反核集会

焼津漁協時代にビキニ事件の処理にかかわった服部毅一は一九七五年（昭和五十年）、県議会議長から焼津市長に就任すると、事件関連資料の整理と編集事業を予算化し、資料集「第五福竜丸事件」を完成に導いた。同市文化センターに併設する歴史民俗資料館の建設に際しては、事件関連の展示場を設け、第五福竜丸の模型を置いた。

実はその三年前、第五福竜丸の船体保存運動を背景に、東京都知事の美濃部亮吉（故人）が静岡県知事の竹山祐太郎（故人）に保存施設建設費の拠出を依頼してきたことがある。竹山は当時、地元県議だった服部に可否を尋ねた。服部が地元漁協と第五福竜丸関係者に意見を聴くと、事件当時の物は船体外板といかりぐらい▽陸揚げした姿は醜い▽当時の忌まわしい事件は忘れたい—と保存そのものに反対だった。

しかし、服部は「何らかの形で市が保存しなくては」と考えた。模型は事件関係者の胸中を察した服部が、思案した末の展示物なのである。

被災から三十年目の八四年、原水爆禁止日本協議会（原水協）と原水爆禁止国民会議（原水禁）が、一時的に統一した3・1ビキニデー中央集会を焼津市で開いた。招かれた服部は出席して注目を浴びた。歴代市長の中で初めての出席だったからである。

「それ程にこの運動は、原水禁・原水協等の革新団体の専属集会と受け止められているらしく、自民党首長が出席することが異に写るようになってしまっている」（服部毅一著「海辺の窓から」原文のまま）

市民が純粋な思いで参加

できる反核集会があればと考えていた服部は、翌年のビキニデー集会で市独自の反核平和集会「6・30市民集会」を主催する決意を示した。

「そのためには焼津方式の反核宣言が要る」と、服部は自ら上京して自民党本部の了解を取り付けた。

市当局は八五年六月、市議会定例会で「核兵器の廃絶を願う焼津宣言」を提案、共産党を除く賛成多数の議決を受けた。

宣言は「現在の国際情勢の中で核兵器が大規模な戦争発生の抑止力とはなっているが、核兵器の完全廃絶こそ全人類の悲願である」と訴える。全会一致が実現しなかったのは、「抑止力」など一部の表現が同党の主張と合わなかったからである。

服部は同党や原水協の関係者も参加できる全市民対象の集会にこだわり、宣言の趣旨を柔らかい表現にして問題の語句を含まない「誓いの言葉」を集会で朗読することで話をまとめた。

同年六月三十日、市主催の初の反核市民集会が同市文化センターで開かれた。

集会には市内各団体の代表者ら約五百人に混じって、第五福竜丸元乗組員たちの姿があった。

第五福竜丸の船体を保存する代わりに制作された模型＝焼津市歴史民俗資料館

曲がり角の「６・３０」

　原爆被災地の広島、長崎と並び、ビキニ事件を象徴する土地として平和への取り組みを期待される焼津市は一九八五年（昭和六十年）、事実上、市が独自に主催する反核平和運動「６・３０市民集会」を発足させた。

　同市では特に原水爆禁止（原水禁）運動の分裂以降、一般市民が「３・１ビキニデー集会」の政党色を敬遠する傾向が強い。同市議会からもこれまで、関連政党の議員以外、自主的に参加する議員はほとんどいなかった。

　焼津市民は「６・３０市民集会」でようやく核廃絶と平和をわだかまりなく訴える場を持ったことになる。

　当時の市長服部毅一は市民集会を立ち上げるに際し、第五福竜丸の元漁労長見崎吉男と同船元無線長久保山愛吉の妻すずと話し合っている。

　地元が敬遠する政党色の強い平和運動の要請にも長年こたえてきた二人は、「市民が主役」という市主催の反核平和集会の趣旨をことのほか喜び、すずは苦しかった胸の内を吐露した、という。

　服部は、自著「海辺の窓から」にこう書き残した。

「すずさんは漁業者の妻、しゃしゃり出ることを好まない内気な主婦だ。…夫をいたわり、励まして下さった方々には感謝感激で一杯で反核精神は具《そな》わっているが、この団体の進める運動方針には組《くみ》していけなかったのだ」

　「６・３０」は事件翌年に慰謝料の配分を決めた六月三十日を事件決着の日として記念している。「わかりにくいから本当は被災した三月一日にしたいが、

3・1では政党とけんかになる。不都合なら将来変えればいい。とりあえずこれでいこう」と服部は見崎に語った。

しかし、この開催日はのちに問題を抱えるようになった。

見崎は反核平和集会の趣旨には大賛成だったが、開催日には困惑するようになった。「6・30を説明するたびに慰謝料の話が出て平和運動に水を差す」

事件当時の地元漁業関係者の多くは、元乗組員に支払われた慰謝料に耳目を奪われるような低所得の暮らし向きにあった。そのせん望の記憶が、いつまでも付いて回るというのだ。

もう一つは「事件の決着済みを記念した6・30は賛成できない」という元冷凍士大石又七の主張。元乗組員の親ぼく組織「福竜会」が集会の共催団体に名を連ねることを市当局を通じて批判した結果、二〇〇二年の集会から福竜会の名は共催団体から消えた。

二〇〇四年二十周年を迎える市民集会は、成り立ちから開催日を再考する時機に来ているのかもしれない。

2004年に20周年の節目を迎える焼津市の「6·3 0市民集会」= 2002年6月30日、焼津市文化センター

問われる「平和宣言」

〈平和　なんという　尊い言葉　重々しいことば　美しいことば　そして　心地よいことばでしょう〉

焼津市は一九九五年、従来の核兵器廃絶宣言に加え、叙情的な言葉で始まる平和都市焼津宣言を行った。

ビキニ事件翌年の第一回原水爆禁止世界大会以降、二千回を超す核実験の一方で、軍縮と平和への努力が絶え間なく続いてきた。

これまでに百九十カ国近くが核拡散防止条約（ＮＰＴ）を結び、国連は核実験を禁止する画期的な包括的核実験禁止条約（ＣＴＢＴ）を採択した。三年前のＮＰＴ再検討会議では、核兵器国が核兵器全廃達成の明確な約束に合意し、ＣＴＢＴの早期発効、核兵器の一方的削減など、具体的な核軍縮の措置を決めた。

ＣＴＢＴ発効には核保有国など指定四十四カ国の批准（承認）が必要だが、世界の核弾頭の三分の一以上を持つ肝心の米国がブッシュ政権で拒否に転じて批准国を失望させた。

一方、核兵器のない状態を宣言や条約で生みだす非核兵器地帯が、中南米、南太平洋、アフリカ、モンゴルの四地域に生まれ、百五カ国五百余りの都市が連帯する平和市長会議も四年に一度開かれるようになった。

国内的には、八〇年代から非核平和都市宣言が広がった。日本非核宣言自治体協議会（事務局・長崎市）によると、宣言都市は都道府県の七割強、全国市町村の八割強を占める。静岡県は宣言していないが、県内では十四市三十町一村（二〇〇三年三月末現在、静岡新聞社調べ）が宣言をしている。

ところが、非核平和都市宣言には意外な事実があった。宣言文の多くは①世界の現状認識②核兵器の脅威③自治体の責務④平和への決意と核兵器廃絶宣言―という似た構成だが、その半数に当たる二十三市町の宣言文は六つに類型化できる。うち二市十一町の宣言は、いずれかの市町と完全に同文で、宣言の発意を疑われかねない。

議決した宣言の意味は重いが、「大切なことは宣言行為ではなく平和への地道な取り組み」（桜井勝郎島田市長＝二〇〇二年九月の市議会定例会一般質問での答弁）とあえて宣言しない選択肢もある。

しかし、県内市町村で平和関連の事業に取り組む自治体は、全市町村の一割に過ぎなかった。宣言自治体ですら八割は平和関連事業が皆無に等しい。記念碑建設などの単年度事業を除く経常的な平和関連予算が、毎年度百万円を超す県内自治体はわずかに二、三にとどまる。

核兵器廃絶と平和の「誓い」はあるが…

広島市の六十二事業総額十二億円（二〇〇三年度）、長崎市の二十事業総額三億二千万円（同）には遠く及ばない。

「平和都市宣言は意味がない」「免罪符だから」という県内自治体職員の声をよく耳にした。宣言文をファイルにとじ込んで終わり、仏作って魂入れず―という自治体がいかに多いことか。

イラク戦争と北朝鮮の核開発問題は、改めて平和宣言の意味と平和に対する自治体の姿勢を問い掛けている。

■インタビュー

＝体験を共有したか

ビキニ事件後も核兵器の拡散は続く。太平洋ビキニ環礁の現地調査を手掛ける高田純・広島大原爆放射線医科学研究所助教授に「太平洋の楽園」を放射性物質で汚染した事件の今日的な意義を聞いた。

◇

―ビキニの被ばくを説明してください。

「広島、長崎の核分裂型原子爆弾に対し、核融合型の水素爆弾といい、福竜丸の被ばくした水爆は一発で広島の一千倍、しかも火球が直接地表を覆うために影響のより深刻な地上爆発でした。福竜丸は爆心から約百五十キロ、ロンゲラップ島は百七十五キロと遠く離れていても、砕かれて放射化したさんご礁の微粉末とプルトニウムなどの混合物を被りました」

―**ロンゲラップ島に「再定住安全宣言」を出していますね。**

「浜松ホトニクスの協力を得て体内放射能測定器を独自に開発し、九九年に現地の残留放射能を調査しました。四十五年の間に汚染が、人体に影響なく、生活可能なまでに低下していました」

―**意外ですね。**

「驚きました。太平洋の荒波に洗われたのか、原子核物理学の理屈からは分からないが、環境の中で浄化する過程があるようです。だからといって、福竜丸乗組員二十三人と島民八十二人が甚大な被ばくをした重大さは少しも薄れない」

―**島民はまだ帰っていませんね。**

「一九九八年から米国が島内で汚染の除去を手掛けているのは当然としても、ビキニ環礁を含むマーシャル諸島を戦前の日本が統治していた歴史的ないきさつと、被ばく医療の実績を考えれば島民の健康調査や治療、島内の汚染除去に、日本人がもっと協力しても良かった」

—教訓を拾うと。

「福竜丸の乗組員の被ばくは日本人の（広島、長崎に次ぐ）被ばくとして重大ですよ。しかし、核災害の被災者はマーシャルにも、（旧ソ連の核実験場の）北極圏ノバヤゼムリャにも、カザフスタンのセミパラチンスクにもいます。福竜丸の背後にもっと広範な被ばくの実相をとらえる視野の広さを持てたでしょうか。マーシャルの島民はもう七五年には焼津市に来ています。マーシャル島民と焼津市民は被ばく体験を共有できたでしょうか」

—核科学技術の利用も進んでいます。

「四五年に核兵器として登場した核科学技術は商業発電に応用され、国内ではもう総発電量の三〇％を占めるまでに発展。医療でも活用が進んでいます。しかし、核災害など負の側面をいかに最小に抑えるか、もっと研究がいるし、科学的な影響の中身や防護法を多くの国民に広めたい。福竜丸の体験が五四年で止まっていませんか」

高田純氏（たかだ・じゅん氏）

弘前大卒。一九九五年から広島大原爆放射線医科学研究所助教授。専門は被ばく線量評価。著書に「世界の放射線被曝地調査」（講談社ブルーバックス）。ホームページにユニークな放射線の"気象情報"「全国放射線情報」を公開。東京都出身、四十八歳。

（二〇〇三年二月）

「3・1」の原点に立ち

「戦争と平和の問題は日本の得意分野のはず。海洋平和国家の存在感を示してほしい」

第五福竜丸の元漁労長見崎吉男は、焼津市で開かれた「被災四十九周年二〇〇三年3・1ビキニデー集会」（原水爆禁止世界大会実行委員会など主催）で、自分の思いを穏やかに語った。

政党・団体の主導する原水禁運動にほんろうされ苦労してきた見崎だが、あいさつを請われて断ったことはない。表舞台に立つことで政治色があると、地元の誤解を受けたこともしばしばだった。

一方では、「墓参行進の先頭を歩いてほしい」「船員保険の再適用運動に協力を」などという主催団体の要請を、「主義主張は別。仲間じゃないから」と断って議論も重ねてきた。それでも、見崎は事件の象徴となった第五福竜丸の総責任者として、原水禁運動と共に歩んできた。

ビキニ事件をきっかけに全国に広がった初期の原水禁運動は、超党派の原水爆禁止日本協議会（原水協）を母体とする国民的な反核平和運動だった。しかし、やがて東西対立の国際情勢を背景にイデオロギーが表面化し、政党や関連団体の対立が深刻化した。自民党系、民社党系が抜け、社会党系が原水爆禁止日本国民会議（原水禁）を組織して大分裂し、原水協には共産党系が残った。

ビキニデー集会も同様。一時的な再統一はあったものの、今も原水禁系、原水協系別々の集会が続く。

焼津市に住む見崎は毎年、地元で開かれる原水協系の集会に招かれて出席してきた。静岡市で開かれる原水禁系の集会にも招かれたが、同じ日の開催では出席も果たせず、求めに応じてメッセージを送ってきた。

　見崎は故久保山愛吉の妻すずと、二人三脚のように反核平和運動の要請にこたえてきた。象徴となったすずの苦境も、国民的な運動が分裂していく時代状況と無縁ではなかった。すずは後年、表舞台を降りた。

「すずさん、よく辛抱してくれたなあ。心が強い人。普通の人ならとっくに参ってるよ。平和運動の犠牲じゃおかしい。心が安らぐことができず、針のむしろに座るような平和運動じゃね」

　原水禁運動の初期に自発的な市民運動を支えた地元の漁協、婦人会や青年組織もいつの間にか離れ、市も手を引いていった。

「もったいない。あのまま大きな運動に育ってくれりゃあ、ええっけだけんな」

　半世紀前、被ばく治療の入院中に全国から寄せられた山のような激励の手紙が、素朴に反核と平和を希求していた。見崎はその思いを「日本の声」と呼んでずっと心の支えにしてきた。

　被災した三月一日、いわゆるビキニデーはそうした市民による反核平和運動の原点の日だ。

「大事な日。いずれの政党・団体がやっても、わしはやめるわけにゃいかねえものな」

　見崎は独り原点に立ち続けて筋を通した。

平和国家の存在感を—と、ビキニデー集会で訴える見崎元漁労長＝2003年3月1日、焼津市三ケ名の同市文化センター

NGO軸に「運動」

「広島、長崎、焼津は核兵器問題を考える上での原点。しかも、本当の意味で反核運動を呼び覚ましたのはビキニ事件でした。焼津こそが新しい形の反核運動の拠点になってほしい。これはわれわれ被爆地からの切なるメッセージですよ」

長崎市の原爆落下中心地に近い長崎原爆資料館で、長崎大学の元学長土山秀夫（78）は誠意を込めて語った。

原爆が落とされた日、同大医学生だった土山は「ハハキトク」の電報で佐賀県の母の疎開先に出向いていて難を逃れた。翌日、焼土と化した長崎市内に戻り、長兄一家を捜す。死臭のような鼻を突く熱気の中で、無残な長兄らの遺体を掘り出し、だびに付した。水を求める負傷者の救護もした悲惨な記憶が、強固な反核思想の核にある。

土山は長崎大医学部長、同大学長、文部省学術審議会専門委員などを歴任、同大名誉教授になった。核問題で積極的に発言を続け、反核ネットワークによる新たな平和運動も模索してきた。

実現の端緒となったのは政府主導の核不拡散・核軍縮に関する東京フォーラム（一九九八年）。ここに市民サイドから提言する会を国内の反核NGO（非政府組織）の代表らとつくり、意見を反映させた。土山はその流れをNGO「核兵器廃絶長崎市民会議」に結実させた。

九九年、相前後して地元の長崎市長伊藤一長がオランダ・ハーグ市でのNGO国際平和会議に出て、新たな平和運動の胎動に強い関心を持った。二人は意気投合し二〇〇〇年に世界NGO会議「核兵器廃絶—地球市民集会ナガサキ」の実現を図った。

主催は県、市、一般市民、NGOなどで組織する実行委員会。運動資金二千万円のうち県が七百五十万円、市が一千万円を負担し、残りを草の根募金で賄う。土山は実行委員長を任された。国際平和N

GOの協力も得て国内外から延べ五千人が参加。長崎アピールを外務省に送り、同省との意見交換も実現した。

「これまでは原水禁（原水爆禁止国民会議）、原水協（原水爆禁止日本協議会）、宗教組織など団体主導の運動が立派に役割を果たしたのは事実です。しかし、普通の市民が参加しにくく、イデオロギーを敬遠する人もいて大衆を糾合していないのが実情でした」


　ビキニ・デーの反核平和運動もよく似た状況にある。

「地球市民集会は『核兵器廃絶』の一点で、左右あらゆる階層の市民が思想信条の違いを超えて個人の資格で手をつなぐ、官民一体の反核平和運動なんです」


　原水禁運動は広島、長崎でも分裂したままだが、地球市民集会には原水禁、原水協の活動家も宗教者も個人の資格で参加した。

「平和運動に市民が参加しやすくなった。行政が民間と一緒に取り組めたことで県内市町村の姿勢も変わってきた」（坂本浩原水禁長崎県民会議事務局長）「各団体がそれぞれの平和運動をやりながら、市民集会で一つになれる点に意義がある」（片山明吉長崎原水協事務局長）と原水禁運動関係者も評価する。被爆者も発言を政治利用されず心置きなく参加できた、という。

「ぼくたちは地方自治体と草の根NGOが肩を並べる新しい運動形態を切り開こうとしています。実行して本当の草の根集会という実感がわきました」と土山は言う。


　二〇〇〇年を機に長崎市教委は原爆を平和教育の原点にもできるよう教育指針を変え、県教委も原爆の日の八月九日「ながさき平和の日」に高校生が平和行事に取り組めるよう夏休みの登校日にした。さらに、地球市民集会の登場で変わりつつある「祈りの長崎」。二〇〇三年十一月の第二回世界NGO会議「核兵器廃絶―地球市民集会ナガサキ」も延べ六千七百人余りが参加し、核廃絶を求める市民の強い意思を示した。

何度でも立ち上がり

「広島、長崎の被爆者も久保山愛吉さんも、被災者はわたしたちだけにしてと言っているのに、どうして核兵器はその後も広がってるの」

静岡市の中学一年生柴田舞（12）が本社「心の航跡」係に寄せた素朴な疑問に、第五福竜丸元漁労長の見崎吉男は、「この子は日本の声を代表している」と思った。

米国科学アカデミーは二〇〇三年二月、一九五一年以降十二年間の各国の大気圏内核実験で過去五十年間に推定約一万一千人の米国民ががんになった―との研究報告をした。四五年に米国が史上初の原爆実験をし、広島、長崎に投下して以来延々と続く核実験は、同国の公式発表でも一千回余、世界中で二千回を超す。核保有国が地球上に広げた汚染とその影響は計り知れず、水爆の核弾頭は世界中でおよそ三万発という恐ろしい数になった。

投書で三人の子を持つ母（34）＝匿名＝がビキニ事件について言う。

「これは一隻の船の問題ではない、もっと大きい地球の危機とも言える問題ではないのか。被害を受けた方やその家族はいまだ心の傷が癒えない。広範囲の海の中で自然や生き物がどんな姿に変わりどんな影響が残っているだろうと思うと、大変悲しく恐ろしい。現在進行形の問題であると思う。子どもたちによりよい未来をバトンタッチしたい。そのためには過去から目を背けないことも必要だと思っている」

「第五福竜丸の事件は個人の事件じゃない。哀れな漁師として同情を請う事件じゃない。本来なら、日本の国が平和運動をやるべき事件だ」

見崎は敗戦と平和憲法の成立も見た。強く平和を希求する動機は戦争体験とビキニ事件にある。イラク戦争開戦時には「日本がいち早くアメリカの戦争に賛成だなんて、残念だなあ」と話した。

静岡市の自営業柴田幾子(69)が投書で言う。

「イラク戦争に続き、北朝鮮の核問題が危機的なところに来ています。広島、長崎、第五福竜丸の歴史を世界にアピールし、反戦、反核につなげたい。世界中の反戦運動は世界の良識だと思います。戦争や核兵器を世界中からなくしたい。人類にとって良いことは何もないのですから」

焼津市の水産加工業村上武(48)がファクスを送ってきた。

「事件を決して忘れてはいけない焼津で事件の風化が始まっているように思います。3・1ビキニの墓参を市民は冷めた目で見、6・30市民集会はシラケムードのような気がします。事件と大きくかかわった焼津は、歴史的事実を次世代に伝えていく義務があり、行政、被災者、市民が後世に何を残すのか、話し合ってほしいと思います」

見崎は投書を見ながら言った。

「平和運動は焼津市の、日本の大きな柱だと思うですよ。いろんな市民の自主的な平和運動が一年に一度くらい焼津に集まって対話して、焼津から全国へ、そして世界に通用する平和運動になればいい。平和国家だもん。憲法が変わっちゃいないだもんでね。これからはわしもね、機会があれば、平和の話をしに出掛けようと思う」

見崎は昨夏、焼津市内にある菩提寺の墓を建て替え、積年の思いを波模様とともに石に刻んだ。

〈だれにだって　風の日も雨の日もあらしの日だってあるさ　大切なのは　夢をしっかり抱きしめて　いのちいっぱい生きたか　波のように何度でも立ち上がったかだ〉

平和運動も同じだと見崎は言った。

碑文は「漁士」として生き、反核平和運動とともに歩んできた、見崎ならではの"心の航跡"なのである。

終わりに

第五福竜丸はこれまで、常に「事件」の主人公として扱われ、主に原水禁運動の視点から取り上げられてきた。確かに、同船が被災の象徴となったビキニ事件は、時代状況も含め環境問題、国際問題に関わる大きな背景を持っている。しかし、全貌を語ろうとすればするほど、事件の歴史的意義付けをしようとすればするほど、肝心の福竜丸乗組員は点描に過ぎなくなっていった。それほど個人が翻弄された事件だったともいえよう。

結局、事件以降、元乗組員が何を考え、どう生きてきたかという、当事者の視点に寄り添った記録はほとんど存在しなかったと言っても過言ではない。二〇〇四年は被災からちょうど半世紀。一口に五十年といっても個々人には語り尽くせない半生である。半世紀を前に、調査ではなく、その語りに素直に耳を傾けてみたかった。

本書は二〇〇三年二月四日から五月二日まで「第五福竜丸心の航跡」として静岡新聞朝刊に連載された本編五十七回と特集面三回、その後に掲載した番外編四回、関連記事などを基本に収録し、加筆、修正し、再構成した。第五福竜丸に乗り組んだ人たちの一生をかけた物語の断片である。

事件の悲惨さを十分に理解してほしい。しかし、悲惨さを伝えるためにいたずらに被害を強調することは、被災者と遺族を改めて苦しめることにつながりかねない。調査の視点に立つ記録的読み物は、概してその点に無神経だったのではないか。仮に被災の過小評価をしたとしても、放射能被災というものは、本人だけでなく世代を超えて生涯心理的不安がつきまとう。その事実だけでも、十分すぎるほどの災厄になっていることを忘れてはいけない。

連載は取材・執筆を木村力、写真を坂本豊ほか、デスクを高瀬直樹、志賀雄二、整理を篠崎純の各記者が担当した。

二〇〇三年十二月五日、第九回平和・協同ジャーナリスト基金賞奨励賞を受賞した。

第五福竜丸

心の航跡

*

2004年3月20日初版発行

著者／静岡新聞社

発行者／松井純

発行所／静岡新聞社

〒422-8033静岡市登呂3-1-1

電話054-284-1666

印刷・製本／図書印刷

ISBN4-7838-2208-5 C0036